DR. OETKER

PARTY SCHNITZEL

PUTENSCHNITZEL À LA BORDELAISE,
RATATOUILLE-SCHNITZEL...

DR. OETKER

PARTY SCHNITZEL

PUTENSCHNITZEL À LA BORDELAISE,
RATATOUILLE-SCHNITZEL...

Dr. Oetker Verlag

Vorwort

Das klassische Wiener Schnitzel, eine dünn geschnittene Scheibe Kalbfleisch, gemehlt, durch verquirltes Ei gezogen, paniert und gebraten, kennt fast jeder. Auch Schweine-, Puten- und Hähnchenschnitzel sind von keiner Feier wegzudenken. Irgendwo auf dem Buffet findet sich immer eine Platte mit den leckeren Fleischscheiben, die kalt und warm eine Köstlichkeit sind.

In diesem Party-Buch zeigen wir Ihnen, wie vielfältig die Möglichkeiten sind, Kalb-, Schwein-, Rind-, Lamm- und Geflügelfleischscheiben sowie Fisch- und Gemüsescheiben zu panieren oder natur zu braten.

Köstliche Rezeptideen wie z. B. Aprikosen-Curry-Schnitzel, Putenschnitzel à la Bordelaise, Lammschnitzel in Rösti-Panade, Rotbarschschnitzel in Cornflakes-Kruste und Kohlrabischnitzel im Haferflockenmantel werden Ihre Gäste zum Staunen bringen. Auch Sie werden überrascht sein, wie lecker und abwechslungsreich Schnitzel schmecken können.

Alle Rezepte sind von Dr. Oetker wie immer nachgekocht und so beschrieben, dass sie Ihnen gelingen.

Abkürzungen

EL	= Esslöffel
TL	= Teelöffel
Msp.	= Messerspitze
Pck.	= Packung/Päckchen
g	= Gramm
kg	= Kilogramm
ml	= Milliliter
l	= Liter
Min.	= Minuten
Std.	= Stunden
evtl.	= eventuell
geh.	= gehäuft
gestr.	= gestrichen
TK	= Tiefkühlprodukt
°C	= Grad Celsius
Ø	= Durchmesser
E	= Eiweiß
F	= Fett
Kh	= Kohlenhydrate
kcal	= Kilokalorien
kJ	= Kilojoule

Hinweise zu den Rezepten

Die Rezepte sind – wenn nicht anders angegeben – für 8–10 Personen berechnet. Lesen Sie bitte vor der Zubereitung das Rezept einmal vollständig durch. Oft werden Arbeitsabläufe oder -zusammenhänge dann klarer.

Die in den Rezepten angegebenen Gartemperaturen und -zeiten sind Richtwerte, die je nach individueller Hitzeleistung des Backofens über- oder unterschritten werden können. Bitte beachten Sie deshalb bei der Einstellung des Backofen die Gebrauchsanweisung des Herstellers.

Zubereitungszeiten

Die Zubereitungszeit beinhaltet die Zeit für die eigentliche Zubereitung und die Gar- oder Backzeit. Längere Wartezeiten wie z. B. Kühlzeiten sind ebenfalls nicht mit einbezogen.

Schweineschnitzel „Jäger-Art"

Zubereitungszeit: 125 Min.

Pro Portion:
E: 37 g, F: 28 g, Kh: 16 g, kJ: 1974, kcal: 471

- **500 g Möhren**
- **8 Schweineschnitzel (je etwa 130 g)**
- **Salz**
- **frisch gemahlener Pfeffer**
- **1 Pck. (25 g) TK-Basilikum**
- **8 Scheiben Parmaschinken**
- **4 EL Speiseöl**
- **250 g gewürfelter durchwachsener Speck**
- **3 mittelgroße Zwiebeln**
- **600 g Kartoffeln**
- **1 Dose ganze Champignons (Abtropfgewicht 460 g)**
- **500 ml (1/2 l) Schlagsahne**
- **250 ml (1/4 l) Fleischbrühe**
- **2 Pck. Jägersauce (für je 250 ml [1/4 l] Flüssigkeit)**
- **1 Pck. (25 g) TK-Basilikum**

Außerdem:
- **Holzstäbchen**

Beilage:
Nudeln.

1 Möhren putzen, schälen, waschen und abtropfen lassen. Einige Möhren mit einem Sparschäler in Scheiben (etwa 150 g) schneiden.

2 Schnitzel unter fließendem kalten Wasser abspülen, trockentupfen und evtl. etwas flach klopfen. Mit Salz und Pfeffer bestreuen. Schnitzel nebeneinander auf eine Arbeitsfläche legen. Zuerst Möhrenscheiben, dann Basilikum und zuletzt den Schinken darauf verteilen. Schnitzel zusammenklappen und die Öffnungen mit Holzstäbchen zusammenstecken.

3 Jeweils die Hälfte des Speiseöls in einer großen Pfanne erhitzen. Die Schnitzel in 2 Portionen von beiden Seiten darin anbraten, herausnehmen und in eine große flache Auflaufform legen.

4 Speckwürfel in dem verbliebenen Bratfett auslassen. Zwiebeln abziehen, in Scheiben schneiden und zu den Speckwürfeln geben. Kartoffeln waschen, schälen, abspülen, abtropfen lassen und in Würfel schneiden. Restliche Möhren ebenfalls in Würfel schneiden. Kartoffel- und Möhrenwürfel zu der Speck-Zwiebel-Masse geben und mit andünsten. Champignons in einem Sieb abtropfen lassen und untermengen.

5 Die Speck-Zwiebel-Champignon-Masse auf den Schnitzeln verteilen. Sahne mit Brühe und Jägersauce gut verrühren und darüber gießen. Die Form auf dem Rost in den Backofen schieben.

Ober-/Unterhitze:
etwa 180 °C (vorgeheizt)
Heißluft: etwa 160 °C
(nicht vorgeheizt)
Gas: Stufe 2–3 (nicht vorgeheizt)
Garzeit: etwa 1 Std.

6 Die Schnitzel nach der Hälfte der Garzeit wenden. Schnitzel (Holzstäbchen entfernen) mit Basilikum bestreut servieren.

Schweineschnitzel in Lauchpanade

Zubereitungszeit: 120 Min.

Pro Portion:
E: 29 g, F: 13 g, Kh: 21 g,
kJ: 1343, kcal: 321

- **1 Stange Porree (Lauch, 250–300 g)**
- **4 Eier**
- **16 dünne Schweinemedaillons (je etwa 60 g)**
- **4 EL Weizenmehl**
- **Salz**
- **frisch gemahlener Pfeffer**
- **6 EL Speiseöl**

Für die Kartoffelstäbchen:

- **1,4 kg fest kochende Kartoffeln**
- **Salzwasser**
- **1 Topf frischer Majoran**
- **4 EL Speiseöl**
- **Salz**
- **frisch gemahlener Pfeffer**

1 Porree putzen, die Stange längs halbieren. Porree waschen, abtropfen lassen und in sehr feine Streifen schneiden. Eier in einer Schüssel verschlagen. Porreestreifen unterrühren.

2 Medaillons unter fließendem kalten Wasser abspülen und trockentupfen. Medaillons in einen Gefrierbeutel legen und leicht flach klopfen. Mit Salz und Pfeffer bestreuen.

3 Medaillons zuerst in Mehl wenden, dann durch die Eier-Porree-Mischung ziehen und am Schüsselrand etwas abstreifen.

4 Speiseöl in einer großen Pfanne erhitzen, Medaillons in 2 Portionen bei nicht zu starker Hitze von beiden Seiten darin anbraten (Panade wird schnell dunkel), herausnehmen und auf ein Backblech (gefettet) legen. Das Backblech in den Backofen schieben.

Ober-/Unterhitze:
180–200 °C (vorgeheizt)
Heißluft: 160–180 °C (vorgeheizt)
Gas: etwa Stufe 3 (vorgeheizt)
Garzeit: etwa 15 Min.

5 Für die Kartoffelstäbchen Kartoffeln waschen, schälen, abspülen und in etwa 1/2 cm dicke Stäbchen schneiden.

6 Salzwasser in einem großen Topf zum Kochen bringen, Kartoffelstäbchen evtl. in 2 Portionen hinzufügen und etwa 5 Minuten blanchieren, anschließend in ein Sieb geben, mit kaltem Wasser übergießen und abtropfen lassen. Majoran abspülen und trockentupfen. Die Blättchen von den Stängeln zupfen. Blättchen fein hacken.

7 Jeweils die Hälfte des Speiseöls in einer großen Pfanne erhitzen. Kartoffelstäbchen in 2 Portionen unter mehrmaligem Wenden goldbraun braten, herausnehmen, mit Salz, Pfeffer und Majoran bestreuen.

Tipp:
Statt Schweinemedaillons können Sie auch Putenbrustfilets verwenden.

Schweinerücken-Schnitzel in Majoran-Brot-Panade

Zubereitungszeit: 90 Min.

Pro Portion:
E: 38 g, F: 24 g, Kh: 63 g, kJ: 2601, kcal: 621

- **1 Topf frischer Majoran oder 1 EL gerebelter getrockneter Majoran**
- **250 g Semmelbrösel**
- **4 Eier**
- **10 Schweinerücken-Schnitzel (ausgelöstes Kotelettstück, je etwa 120 g)**
- **Salz**
- **frisch gemahlener Pfeffer**
- **4 EL Weizenmehl**
- **6 EL Speiseöl**

Für den Möhren-Zucchini-Reis:

- **500 g Langkornreis**
- **Salzwasser**
- **3 dicke Möhren (etwa 300 g)**
- **1 Zucchini (etwa 250 g)**
- **100 g Butter oder Margarine**

1 Den frischen Majoran abspülen und trockentupfen. Die Blättchen von den Stängeln zupfen. Blättchen fein hacken. Semmelbrösel mit Majoran in einer Schüssel gut vermischen. Eier in einer Schüssel verschlagen.

2 Schnitzel unter fließendem kalten Wasser abspülen und trockentupfen. Mit Salz und Pfeffer bestreuen.

3 Schnitzel zuerst in Mehl wenden, dann durch die verschlagenen Eier ziehen, Schnitzel am Schüsselrand etwas abstreifen und zuletzt in der Semmelbrösel-Majoran-Mischung wenden. Panade fest andrücken.

4 Jeweils die Hälfte des Speiseöls in einer großen Pfanne erhitzen, Schnitzel in 2 Portionen bei schwacher Hitze von beiden Seiten darin braten, herausnehmen und auf ein Backblech (gefettet) legen. Das Backblech in den Backofen schieben.

Ober-/Unterhitze: etwa 150 °C (vorgeheizt)
Heißluft: etwa 130 °C (vorgeheizt)
Gas: etwa Stufe 1 (vorgeheizt)
Garzeit: etwa 15 Min.

5 Für den Möhren-Zucchini-Reis Langkornreis in kochendes Salzwasser geben, zugedeckt zum Kochen bringen und nach Packungsanleitung garen. Den Reis in ein Sieb geben und abtropfen lassen.

6 Möhren putzen, schälen, waschen, abtropfen lassen und in Würfel oder Scheiben schneiden. Zucchini waschen, abtrocknen und die Enden abschneiden. Zucchini ebenfalls in Würfel oder Scheiben schneiden. Das Gemüse getrennt voneinander in kochendem Salzwasser blanchieren, Möhren etwa 5 Minuten, Zucchini etwa 1 Minute. Anschließend in ein Sieb geben, mit kaltem Wasser übergießen und gut abtropfen lassen.

7 Butter oder Margarine in einer großen Pfanne zerlassen. Gemüsewürfel oder -scheiben unter Rühren darin andünsten. Reis hinzugeben. Die Zutaten unter Rühren leicht anbraten. Mit Salz und Pfeffer würzen.

Tipp:
Mit frischen Majoranzweigen garnieren.

Sahne-Zwiebel-Schnitzel

Zubereitungszeit: 80 Min., ohne Kühlzeit

Pro Portion:
E: 43 g, F: 42 g, Kh: 9 g, kJ: 2465, kcal: 589

- **8 Schweineschnitzel (je etwa 150 g)**
- **Salz**
- **frisch gemahlener weißer Pfeffer**
- **6 EL Weizenmehl**
- **100 g Butter**
- **4 EL Speiseöl**
- **1 kg Zwiebeln**
- **400 ml Schlagsahne**
- **400 g geriebener mittelalter Gouda-Käse**

1 Schnitzel unter fließendem kalten Wasser abspülen und trockentupfen. Mit Salz und Pfeffer bestreuen. Schnitzel in Mehl wenden.

2 Jeweils die Hälfte von der Butter und die Hälfte vom Speiseöl in einer großen Pfanne erhitzen. Die Schnitzel in 2 Portionen von beiden Seiten hellbraun braten, herausnehmen und in eine große flache Auflaufform legen.

3 Zwiebeln abziehen, halbieren und in dünne Scheiben schneiden. Zwiebelscheiben in dem verbliebenen Bratfett mit der restlichen Butter glasig dünsten.

4 Zwiebelscheiben auf den Schnitzeln verteilen und mit Sahne übergießen. Schnitzel zugedeckt über Nacht kalt stellen.

5 Käse auf den Zwiebelschnitzeln verteilen. Die Form auf dem Rost in den Backofen schieben.

Ober-/Unterhitze:
etwa 200 °C (vorgeheizt)
Heißluft: etwa 180 °C (vorgeheizt)
Gas: Stufe 3–4 (vorgeheizt)
Garzeit: etwa 30 Min.

6 Die garen Sahne-Zwiebel-Schnitzel noch etwa 5 Minuten im ausgeschalteten Backofen ruhen lassen. Dann herausnehmen und sofort servieren.

Beilage:
Ofenfrisches Baguette.

Tipp:
Statt Schweineschnitzel können auch Puztenschnitzel verwendet werden.

Variante:
Statt Zwiebeln 1 kg frische Champignons verwenden, dafür Champignons putzen, mit Küchenpapier abreiben, evtl. abspülen und trockentupfen. Champignons in Scheiben schneiden, in dem Bratfett anbraten und auf den Schnitzeln verteilen. Oder 100 g Schinkenspeck in Streifen schneiden, in dem Bratfett ausbraten, dann die Champignonscheiben hinzugeben, mit anbraten und zusätzlich 2 Esslöffel frische Petersilie unterheben.

Hawaii-Schnitzel

Zubereitungszeit: 80 Min.

Pro Portion:
E: 53 g, F: 77 g, Kh: 25 g,
kJ: 4253, kcal: 1018

- **8 Schweine- oder Hähnchenschnitzel (je etwa 150 g)**
- **Salz**
- **frisch gemahlener Pfeffer**
- **5 EL Speiseöl**
- **8 Ananasscheiben aus der Dose**
- **8 Käse-Scheibletten**

Für die Sauce:

- **1,2 l Schlagsahne**
- **3 Becher (je 150 g) Crème fraîche**
- **4 Pck. Rahmsaucenpulver (für je 250 ml Flüssigkeit)**
- **4 EL Sojasauce**
- **Salz**
- **frisch gemahlener Pfeffer**
- **600 g Schinkenwürfel**

Beilage:
Bandnudeln und ein frischer Blattsalat.

1 Schnitzel unter fließendem kalten Wasser abspülen und trockentupfen. Mit Salz und Pfeffer bestreuen. Jeweils die Hälfte des Speiseöls in einer großen Pfanne erhitzen. Die Schnitzel in 2 Portionen von beiden Seiten darin anbraten, herausnehmen und in eine große flache Auflaufform legen.

2 Ananasscheiben in einem Sieb abtropfen lassen. Die Schnitzel jeweils mit einer Ananas- und Käsescheibe belegen.

Abwandlung:
Statt Ananasscheiben und Käse-Scheibletten können auch 1 Dose gut abgetropfte, in Scheiben geschnittene Birnenhälften (Abtropfgewicht 315 g) und etwa 200 g Gorgonzola-Käse verwendet werden, dann jedoch die Schnitzel nur leicht salzen und für die Sauce einen milden Schinken, z. B. Kochschinken verwenden.

3 Für die Sauce Sahne, Crème fraîche, Saucenpulver und Sojasauce verrühren. Mit Salz und Pfeffer würzen. Schinkenwürfel unterrühren. Die Schnitzel mit der Sauce übergießen. Die Form auf dem Rost in den Backofen schieben.

Ober-/Unterhitze:
etwa 200 °C (vorgeheizt)
Heißluft: etwa 180 °C (nicht vorgeheizt)
Gas: Stufe 3–4 (nicht vorgeheizt)
Garzeit: etwa 40 Min.

Tipp:
Sie können die Schnitzel schon am Vortag braten, dann verlängert sich die Garzeit um 20 Minuten.

Falsches Schweineschnitzel in Kartoffel-Gemüse-Hülle

Zubereitungszeit: 100 Min.

Pro Portion:
E: 28 g, F: 42 g, Kh: 7 g, kJ: 2145, kcal: 513

- **5 fest kochende Kartoffeln (etwa 250 g)**
- **3 Möhren (etwa 250 g)**
- **Salzwasser**
- **1 kleine Stange Porree (Lauch, etwa 250 g)**
- **4 Eier**

- **10 Schweineschnitzel von einem Bauchstück (je etwa 120 g, vom Metzger etwas flach klopfen lassen)**
- **Salz, Pfeffer**
- **4 EL Weizenmehl**
- **6 EL Speiseöl**

Für die Salatbeilage:

- **1 Kopfsalat**
- **1 Radicchio**
- **1 Lollo biondo**
- **1 Chicorée**
- **1 Bund Schnittlauch**
- **4 EL Balsamico-Essig oder Weinessig**
- **6 EL Speiseöl**

1 Kartoffeln waschen, schälen und abspülen. Möhren putzen, schälen, waschen und abtropfen lassen.

2 Salzwasser jeweils in einem Topf zum Kochen bringen. Kartoffeln und Möhren getrennt hineingeben und bissfest garen, Kartoffeln 20–25 Minuten, Möhren etwa 20 Minuten. Kartoffeln und Möhren abgießen, erkalten lassen. Anschließend mit einer Küchenreibe fein reiben.

3 Porree putzen, die Stange längs halbieren, waschen, abtropfen lassen. Porree in feine Streifen schneiden.

4 Eier in einer Schüssel verschlagen. Vorbereitetes Gemüse unterrühren.

5 Schnitzel unter fließendem kalten Wasser abspülen und trockentupfen. Mit Salz und Pfeffer bestreuen. Schnitzel zuerst in Mehl wenden, dann durch die Eier-Gemüse-Mischung ziehen und am Schüsselrand abstreifen.

6 Jeweils die Hälfte des Speiseöls in einer großen Pfanne erhitzen. Schnitzel in 2 Portionen von beiden Seiten darin braten, herausnehmen, auf eine Platte legen und auf dem Rost in den Backofen schieben.

Ober-/Unterhitze:
etwa 140 °C (vorgeheizt)
Heißluft: etwa 120 °C (vorgeheizt)
Gas: etwa Stufe 1 (vorgeheizt)
Garzeit: etwa 15 Min.

7 Für die Salatbeilage Salatköpfe putzen, waschen, abtropfen lassen und etwas zerkleinern. Schnittlauch abspülen, trockentupfen und in Röllchen schneiden. Essig mit Salz und Pfeffer verrühren, Öl unterschlagen, mit dem Salat vermischen. Die Schnitzel mit dem Salat servieren.

Tipp:
Anstelle von Schweinebauch kann auch Schnitzelfleisch vom Schwein oder Kalb verwendet werden.

Schnitzel „Utrechter Art"

Zubereitungszeit: 75 Min.

Pro Portion:
E: 45 g, F: 31 g, Kh: 5 g,
kJ: 2024, kcal: 485

- **2 Zwiebeln**
- **1 kg Champignons**
- **40 g Butter**
- **4 EL Speiseöl**
- **2 Becher (je 150 g) Crème fraîche**
- **125 ml (1/8 l) Weißwein**
- **Salz**
- **frisch gemahlener Pfeffer**

- **8 dünne Putenschnitzel (je etwa 150 g)**
- **50 g Weizenmehl**
- **40 g Butter**
- **4 EL Speiseöl**
- **250 g geriebener Käse, z. B. Pikantje von Gouda**
- **4 Tomaten**

1 Zwiebeln abziehen und in kleine Würfel schneiden. Champignons putzen, mit Küchenpapier abreiben, evtl. abspülen, abtropfen lassen und in Scheiben schneiden.

2 Butter in einer Pfanne zerlassen, Speiseöl mit erhitzen. Zwiebelwürfel darin glasig dünsten. Champignonscheiben evtl. in 2 Portionen hinzugeben und so lange dünsten, bis die Flüssigkeit verdampft ist. Crème fraîche und Wein unterrühren und kurz aufkochen lassen. Mit Salz und Pfeffer würzen.

3 Putenschnitzel unter fließendem kalten Wasser abspülen und trockentupfen. Schnitzel evtl. flach klopfen, mit Salz und Pfeffer bestreuen und in Mehl wenden.

4 Jeweils die Hälfte der Butter in einer großen Pfanne zerlassen, die Hälfte des Speiseöls mit erhitzen. Die Schnitzel in 2 Portionen von jeder Seite etwa 2 Minuten darin braten und in eine große flache Auflaufform legen. Die Champignonmasse darauf geben, Käse darauf verteilen.

5 Die Form auf dem Rost in den Backofen schieben und die Schnitzel überbacken, bis der Käse zerlaufen ist.

Ober-/Unterhitze:
etwa 180 °C (vorgeheizt)
Heißluft: etwa 160 °C (vorgeheizt)
Gas: Stufe 2–3 (vorgeheizt)
Backzeit: etwa 25 Min.

6 Tomaten waschen, abtrocknen, die Stängelansätze herausschneiden. Tomaten in Scheiben schneiden. Die Tomatenscheiben nach etwa 15 Minuten Backzeit dachziegelartig auf die Schnitzel legen und die Schnitzel fertig backen. Mit Salz und Pfeffer bestreuen.

Beilage:
Weiße oder grüne Bandnudeln.

Tipp:
Die Schnitzel vor dem Servieren mit Tomatenwürfeln garnieren.

Holsteiner Schnitzel

Zubereitungszeit: 70 Min.

Pro Portion:
E: 40 g, F: 17 g, Kh: 12 g,
kJ: 1539, kcal: 367

- **8 Schweineschnitzel (je etwa 150 g)**
- **Salz**
- **frisch gemahlener Pfeffer**
- **2 Eier**
- **80 g Weizenmehl**
- **150 g Semmelbrösel**
- **150 g Butterschmalz oder Margarine**

- **Butter oder Margarine**
- **8 Eier**

Zum Garnieren:

- **8 gewässerte Sardellenfilets**
- **250 g Mixed Pickles**
- **Petersilie**

Beilage:
Petersilienkartoffeln, Grüner Salat oder Kartoffelsalat.

1 Schnitzel unter fließendem kalten Wasser abspülen und trockentupfen. Schnitzel jeweils in einen Gefrierbeutel geben und leicht flach klopfen. Mit Salz und Pfeffer bestreuen. Eier in einer Schüssel verschlagen.

2 Die Schnitzel zuerst in Mehl, dann in den verschlagenen Eiern und zuletzt in Semmelbröseln wenden, Panade gut andrücken.

3 Jeweils die Hälfte von dem Butterschmalz oder der Margarine in einer großen Pfanne erhitzen. Die Schnitzel in 2 Portionen von beiden Seiten etwa 12 Minuten darin braten, herausnehmen und auf einer vorgewärmten Platte anrichten.

4 Jeweils die Hälfte der Butter oder Margarine in der gesäuberten Pfanne zerlassen. Je 4 Eier vorsichtig aufschlagen und in die Pfanne gleiten lassen. Eiweiß mit Salz bestreuen. Die Eier bei mittlerer Hitze etwa 5 Minuten braten lassen, bis das Eiweiß fest ist.

5 Die Spiegeleier mit einem Pfannenwender aus der Pfanne nehmen und jeweils auf ein Schnitzel legen.

6 Zum Garnieren je ein gewässertes Sardellenfilet um jedes Eigelb legen. Mit Mixed Pickles und etwas Petersilie garnieren.

Tipp:
Noch saftiger werden die Schnitzel, wenn sie von beiden Seiten kurz angebraten werden, anschließend auf ein Backbech gelegt und bei Ober-/Unterhitze: etwa 150 °C (vorgeheizt), Heißluft: etwa 130 °C (vorgeheizt), Gas: etwa Stufe 1 (vorgeheizt) für 20 Minuten in dem Backofen gebacken werden. Zuletzt die gebratenen Eier darauf verteilen.

Geschichtete Schnitzel-Sahne-Pfanne

Zubereitungszeit: 90 Min.

Pro Portion:
E: 36 g, F: 31 g, Kh: 9 g,
kJ: 1916, kcal: 457

- **8 Schweineschnitzel (ausgelöste Kotelettscheiben, je etwa 125 g)**
- **Salz**
- **frisch gemahlener Pfeffer**
- **40 g Weizenmehl**
- **4 EL Speiseöl**
- **4 Scheiben gekochter Schinken**
- **125 g Camembert-Käse**
- **8 TL Preiselbeer-Dessert**

Für die Sauce:

- **50 g Butter**
- **40 g Weizenmehl**
- **500 ml (1/2 l) Schlagsahne**
- **250 ml (1/4 l) Fleischbrühe**
- **1 TL mittelscharfer Senf**
- **Salz**
- **frisch gemahlener Pfeffer**
- **1 Dose ganze Champignons (Abtropfgewicht 460 g)**

1 Schnitzel unter fließendem kalten Wasser abspülen und trockentupfen. Mit Salz und Pfeffer bestreuen. Schnitzel in Mehl wenden.

2 Jeweils die Hälfte des Speiseöls in einer großen Pfanne erhitzen. Schnitzel in 2 Portionen von beiden Seiten darin anbraten. Schnitzel herausnehmen und in eine große flache Auflaufform legen.

3 Kochschinken halbieren, Camembert in Scheiben schneiden. Kochschinkenscheiben auf den Schnitzeln verteilen, Camembertscheiben darauf legen. Jeweils 1 Teelöffel Preiselbeeren auf die Käsescheiben geben.

4 Für die Sauce Butter in einem Topf zerlassen. Mehl unter Rühren so lange darin erhitzen, bis es hellgelb ist. Sahne und Brühe nach und nach hinzugießen, mit einem Schneebesen durchschlagen, darauf achten, dass keine Klümpchen entstehen. Die Sauce zum Kochen bringen und 2–3 Minuten kochen lassen. Senf unterrühren. Mit Salz und Pfeffer würzen. Champignons in einem Sieb abtropfen lassen und hinzufügen.

5 Die Sauce über die eingeschichteten Zutaten gießen. Die Form auf dem Rost in den Backofen schieben.

Ober-/Unterhitze:
etwa 180 °C (vorgeheizt)
Heißluft: etwa 160 °C
(nicht vorgeheizt)
Gas: Stufe 2–3 (nicht vorgeheizt)
Garzeit: etwa 40 Min.

Tipp:
Die Schnitzel-Sahne-Pfanne mit Johannisbeerrispen und Minze garnieren.

Schweineschnitzel mit Senf-Käse-Sauce

Zubereitungszeit: 65 Min.

Pro Portion:
E: 34 g, F: 33 g, Kh: 3 g,
kJ: 1907, kcal: 455

Für die Kräuterbutter:
- **Je 1 Bund Petersilie und Dill**
- **2 Knoblauchzehen**
- **50 g weiche Butter**
- **100 g geriebener alter Gouda-Käse**
- **2 EL Semmelbrösel**

- **8 Schmetterlingsschnitzel (je etwa 150 g)**
- **Salz**
- **frisch gemahlener schwarzer Pfeffer**

- **40 g Butter**
- **4 EL Speiseöl**

- **125 ml (1/8 l) trockener Weißwein**
- **400 ml Schlagsahne**

- **3 TL helle Senfkörner**

Nach Belieben:
- **einige Petersilien- und Dillzweige**

Außerdem:
- **Holzstäbchen**

1 Für die Kräuterbutter Petersilie und Dill abspülen, trockentupfen. Die Blättchen und Spitzen von den Stängeln zupfen. Blättchen und Spitzen fein hacken. Knoblauch abziehen und ebenfalls fein hacken. Petersilie, Dill und Knoblauch mit der Butter verkneten.

2 2 Esslöffel von dem Käse mit Semmelbröseln mischen und unter die Kräuterbutter kneten.

3 Schnitzel unter fließendem kalten Wasser abspülen und trockentupfen. Schnitzel in einen Gefrierbeutel geben und flach klopfen. Schnitzel jeweils auf der Innenseite mit Salz und Pfeffer bestreuen, mit der Kräuterbutter bestreichen und zusammenklappen. Die Öffnungen mit Holzstäbchen zusammenstecken.

4 Jeweils die Hälfte der Butter in einer großen Pfanne zerlassen, je 2 Esslöffel von dem Speiseöl mit erhitzen. Die Schnitzel von beiden Seiten etwa 15 Minuten bei mittlerer Hitze hellbraun braten, mit Salz und Pfeffer würzen. Schnitzel warm stellen, Holzstäbchen entfernen.

5 Wein zum Bratensatz geben, zum Kochen bringen. Sahne hinzugießen und unter Rühren etwas einkochen lassen. Die Sauce in einen Topf gießen.

6 Senfkörner in einer Pfanne ohne Fett rösten, bis sie duften. Senfkörner mit dem Messerrücken leicht zerdrücken und mit dem restlichen Käse in die Sauce rühren, nochmals kurz erwärmen.

7 Schnitzel mit der Sauce anrichten. Mit Petersilien- und Dillzweigen garniert servieren.

Beilage:
Kartoffelkroketten.

Tipp:
Anstelle der Senfkörner können Sie 1–2 Teelöffel scharfen Senf in die Sauce rühren. (Sauce dann nicht mehr kochen lassen, da sie sonst bitter schmeckt!)

Schweineschnitzel „Bäuerliche Art"

Zubereitungszeit: 80 Min.

Pro Portion:
E: 37 g, F: 22 g, Kh: 12 g,
kJ: 1626, kcal: 389

- **10 Schweineschnitzel aus der Keule (je etwa 120 g)**
- **Salz**
- **frisch gemahlener Pfeffer**
- **6 EL Speiseöl**

Für das Ragout:

- **500 g kleine weiße Champignons**
- **200 g magerer durchwachsener Speck**
- **800 g fest kochende Kartoffeln**
- **Salzwasser**
- **250 g TK-Brechbohnen**

- **1 Bund Schnittlauch**
- **6–8 EL Speiseöl**

1 Schweineschnitzel unter fließendem kalten Wasser abspülen und trockentupfen. Mit Salz und Pfeffer bestreuen.

2 Jeweils etwas von dem Speiseöl in einer großen Pfanne erhitzen, die Schnitzel portionsweise von beiden Seiten darin anbraten, herausnehmen, auf eine Platte legen und auf dem Rost in den Backofen schieben.

Ober-/Unterhitze:
etwa 140 °C (vorgeheizt)
Heißluft: etwa 120 °C (vorgeheizt)
Gas: etwa Stufe 1 (vorgeheizt)
Garzeit: etwa 20 Min.

3 Für das Ragout Champignons putzen, mit Küchenpapier abreiben, evtl. abspülen und abtropfen lassen. Große Champignons evtl. halbieren oder und vierteln. Speck in kleine Würfel schneiden. Kartoffeln waschen, schälen, abspülen und in Würfel schneiden.

4 Salzwasser in einem Topf zum Kochen bringen, Kartoffelwürfel und Bohnen etwa 10 Minuten darin blanchieren. Kartoffelwürfel und Bohnen in ein Sieb geben, mit kaltem Wasser übergießen und abtropfen lassen. Schnittlauch abspülen, trockentupfen und in Röllchen schneiden.

5 Speiseöl in einer weiteren großen Pfanne erhitzen. Speck-, Kartoffelwürfel, Bohnen und Champignons portionsweise hinzugeben und unter Wenden kräftig anbraten. Mit Salz und Pfeffer würzen. Evtl. einige Esslöffel Wasser hinzufügen.

6 Die Schnitzel mit dem Ragout anrichten und mit Schnittlauchröllchen bestreut servieren.

Tipp:
Die Schnitzel können auch in Weizenmehl und Ei gewendet und mit Semmelbröseln paniert werden. Die Schnitzel können auch aus einem Nackenstück geschnitten werden.

Überbackene Schnitzel in Currysauce

Zubereitungszeit: 120 Min.

Pro Portion:
E: 34 g, F: 26 g, Kh: 16 g, kJ: 1829, kcal: 437

Für die Sauce:

- **1 kleine Dose Aprikosenhälften (Abtropfgewicht 240 g)**
- **1 große Zwiebel**
- **2 Knoblauchzehen**
- **2 EL Speiseöl**
- **1 geh. EL Weizenmehl**
- **250 ml (1/4 l) Rindfleischbrühe**
- **100 ml Kokosmilch (aus der Dose)**
- **250 ml (1/4 l) Schlagsahne**
- **1 Flasche Currysauce, z. B. von Knorr**
- **2 EL Mango-Chutney**
- **Salz, Pfeffer**
- **Paprikapulver edelsüß**
- **etwas Aprikosensaft**

- **8 dünne Schweineschnitzel (je etwa 150 g, vom Metzger jeweils eine Tasche einschneiden lassen)**
- **Currypulver**
- **200 g Doppelrahm-Frischkäse**
- **1 kleine rote Paprikaschote**
- **1 Banane**
- **frischer Estragon**
- **4 EL Speiseöl**

- **einige Estragonblättchen**

Außerdem:

- **Holzstäbchen**

1 Für die Sauce Aprikosenhälften in einem Sieb abtropfen lassen, den Saft dabei auffangen. Zwiebel und Knoblauch abziehen, in kleine Würfel schneiden. Speiseöl in einem Topf erhitzen, Zwiebel- und Knoblauchwürfel darin glasig dünsten. Mehl darüber stäuben. Brühe, Kokosmilch und Sahne nach und nach hinzugießen, mit einem Schneebesen durchschlagen, darauf achten, dass keine Klümpchen entstehen. Currysauce und Chutney unterrühren. Mit Salz, Pfeffer, Paprika und Aprikosensaft abschmecken.

2 Schnitzel unter fließendem kalten Wasser abspülen und trockentupfen. Mit Salz, Pfeffer, Paprika und Curry würzen. Die Schnitzeltaschen (innen) mit Frischkäse bestreichen.

3 Paprika halbieren, entstielen, entkernen, die weißen Scheidewände entfernen. Die Schote waschen, trockentupfen und in Würfel schneiden. Banane schälen und ebenfalls in Würfel schneiden. Estragon abspülen und trockentupfen. Die Blättchen von den Stängeln zupfen. Die Schnitzeltaschen jeweils mit Aprikosenhälften, Paprika-, Bananenwürfeln und Estragonblättchen füllen. Die Öffnungen jeweils mit Holzstäbchen zusammenstecken. Restliche Schnitzelfüllung in die Sauce geben.

4 Speiseöl in einer großen Pfanne erhitzen. Die Schnitzel von beiden Seiten gut darin anbraten, herausnehmen und in eine große flache Auflaufform legen. Die Sauce auf den Schnitzeln verteilen. Die Form auf dem Rost in den Backofen schieben.

Ober-/Unterhitze: etwa 200 °C (vorgeheizt)
Heißluft: etwa 180 °C (nicht vorgeheizt)
Gas: Stufe 3–4 (nicht vorgeheizt)
Backzeit: etwa 60 Min.

5 Die Schnitzel mit Estragonblättchen garniert servieren.

Westfälische Schnitzel

Zubereitungszeit: 60 Min.

Pro Portion:
E: 36 g, F: 18 g, Kh: 23 g,
kJ: 1683, kcal: 400

- **2 mittelgroße Gemüsezwiebeln (je etwa 200 g)**
- **8 Scheiben Schwarzbrot (etwa 500 g)**
- **250 g westfälischer roher Schinken**
- **1 Bund Schnittlauch**
- **3 Fleischtomaten**
- **8–10 Schweineschnitzel (je etwa 120 g)**
- **Salz**
- **frisch gemahlener Pfeffer**
- **8 EL Speiseöl**
- **50 g Butter oder Margarine**

1 Zwiebeln abziehen, halbieren und in kleine Würfel schneiden. Schwarzbrot fein zerbröseln. Schinken ebenfalls in kleine Würfel schneiden.

2 Schnittlauch abspülen, trockentupfen und in Röllchen schneiden. Tomaten waschen, abtropfen lassen, kreuzweise einschneiden und einige Sekunden in kochendes Wasser legen. Tomaten kurz in kaltes Wasser legen, enthäuten, halbieren, Stängelansätze herausschneiden. Fruchtfleisch in Würfel schneiden, dabei die Kerne entfernen.

3 Schnitzel unter fließendem kalten Wasser abspülen und trockentupfen. Mit Salz und Pfeffer bestreuen.

4 Etwas von dem Speiseöl in einer großen Pfanne erhitzen. Die Schnitzel portionsweise von beiden Seiten etwa 15 Minuten darin braten, herausnehmen, auf eine vorgewärmte Platte legen und warm stellen.

5 Butter oder Margarine in dem verbliebenen Bratfett zerlassen. Schinken- und Zwiebelwürfel darin andünsten. Brot- und Tomatenwürfel hinzugeben und kurz mit andünsten.

6 Schinken-Brot-Masse auf den Schnitzeln verteilen. Mit Salz und Pfeffer würzen. Westfälische Schnitzel mit Schnittlauchröllchen bestreut servieren.

Tipp:
Statt Schweinefleisch kann auch Kalb- oder Putenfleisch verwendet werden.

Kasseler Rückenschnitzel

Zubereitungszeit: 90 Min.

Pro Portion:
E: 29 g, F: 24 g, Kh: 27 g,
kJ: 1845, kcal: 441

- **10 Kasselerscheiben (aus dem Rücken, je etwa 120 g, vom Metzger etwas flach klopfen lassen)**
- **frisch gemahlener Pfeffer**
- **1 Pck. TK-Gemischte Küchenkräuter**
- **1 EL (30 g) geriebener Meerrettich**
- **250 g Semmelbrösel**
- **4 Eier**
- **4 EL Weizenmehl**

Für das Gemüse:

- **½ Steckrübe (etwa 400 g)**
- **400 g fest kochende Kartoffeln**
- **Salzwasser**
- **2 EL Butter oder Margarine**
- **200 ml Gemüsebrühe**
- **Salz**
- **frisch gemahlener Pfeffer**
- **1 Pck. TK-Gemischte Küchenkräuter**

- **6 EL Speiseöl**

- **etwas glatte Petersilie**

1 Kasseler unter fließendem kalten Wasser abspülen und trockentupfen. Mit Pfeffer bestreuen.

2 Kräuter, Meerrettich und Semmelbrösel in einer Schüssel gut vermischen, so dass keine Klümpchen entstehen. Eier in einer Schüssel verschlagen.

3 Kasseler zuerst in Mehl wenden, dann durch die verschlagenen Eier ziehen, Kasseler am Schüsselrand etwas abstreifen und zuletzt in der Kräuter-Meerrettich-Semmelbrösel-Mischung wenden, Panade fest andrücken.

4 Für das Gemüse Steckrübe und Kartoffeln waschen, schälen, abspülen und in gleich große Würfel schneiden. Salzwasser in einem großen Topf zum Kochen bringen. Steckrüben- und Kartoffelwürfel hinzugeben und etwa 10 Minuten blanchieren. Anschließend in ein Sieb geben, mit kaltem Wasser übergießen und abtropfen lassen.

5 Butter oder Margarine in einem großen Topf erhitzen, Kartoffel- und Steckrübenwürfel darin andünsten, Brühe hinzugießen, zum Kochen bringen und zugedeckt etwa 15 Minuten bei schwacher Hitze kochen lassen. Mit Salz und Pfeffer würzen. Küchenkräuter unterrühren.

6 Jeweils die Hälfte des Speiseöls in einer großen Pfanne erhitzen, Kasseler in 2 Portionen bei schwacher Hitze von beiden Seiten etwa 10 Minuten darin braten, herausnehmen und auf eine vorgewärmte Platte legen.

7 Kasselerschnitzel mit dem Gemüse anrichten und mit Petersilienzweigen und -blättchen garniert servieren.

Gefüllte Kalbsschnitzel in Paprikarahm

Zubereitungszeit: 125 Min.

Pro Portion:
E: 39 g, F: 17 g, Kh: 7 g,
kJ: 1396, kcal: 333

Für den Paprikarahm:

- **1 mittelgroße Zwiebel**
- **2 Knoblauchzehen**
- **3 EL Speiseöl**
- **1 geh. EL Weizenmehl**
- **1 EL Tomatenmark**
- **3 große rote Paprikaschoten**
- **500 ml (1/2 l) Rindfleischbrühe**
- **Salz, Pfeffer**
- **Paprikapulver rosenscharf**
- **Zucker**
- **2–3 EL Weinessig**

- **8 dünne Kalbsschnitzel (Ober- oder Unterschale, je etwa 150 g)**
- **2 TL mittelscharfer Senf**

Für die Füllung:

- **2 Pck. (je 125 g) Mozzarella-Käse**
- **4 mittelgroße Tomaten**
- **1/2 Topf Basilikum**
- **200 g dünne Scheiben Seranoschinken**
- **4 EL Speiseöl**
- **einige Basilikumblättchen**

Außerdem:

- **Holzstäbchen**

1 Für den Paprikarahm Zwiebel und Knoblauch abziehen, in kleine Würfel schneiden. Speiseöl erhitzen. Zwiebel- und Knoblauchwürfel darin glasig dünsten. Mehl darüber stäuben, Tomatenmark unterrühren. Paprika halbieren, entstielen, entkernen, die weißen Scheidewände entfernen. Die Schoten waschen, in Würfel schneiden, zu den Zwiebel- und Knoblauchwürfeln geben und kurz mit andünsten. Brühe hinzugießen, zum Kochen bringen und 10–15 Minuten kochen lassen. Mit Salz, Pfeffer, Paprika und Zucker würzen. Die Masse pürieren und anschließend durch ein Sieb streichen. Essig unterrühren.

2 Schnitzel unter fließendem kalten Wasser abspülen, trockentupfen und nebeneinander auf eine Arbeitsfläche legen. Schnitzel dünn mit Senf bestreichen.

3 Für die Füllung Mozzarella abtropfen lassen und in Scheiben schneiden. Tomaten waschen, abtrocknen, die Stängelansätze herausschneiden. Tomaten ebenfalls in Scheiben schneiden. Basilikum abspülen und trockentupfen. Die Blättchen von den Stängeln zupfen.

4 Die Schnitzel jeweils zur Hälfte mit Mozzarella-, Tomaten-, Schinkenscheiben und Basilikumblättchen belegen. Unbelegte Hälfte darüber schlagen, Öffnungen mit Holzstäbchen zusammenstecken.

5 Speiseöl in einer großen Pfanne erhitzen. Die Schnitzel von beiden Seiten darin anbraten, herausnehmen und in eine große flache Auflaufform legen. Paprikarahm darauf verteilen. Die Form auf dem Rost in den Backofen schieben.

Ober-/Unterhitze:
etwa 200 °C (vorgeheizt)
Heißluft: etwa 180 °C
(nicht vorgeheizt)
Gas: Stufe 3–4 (nicht vorgeheizt)
Garzeit: etwa 60 Min.

6 Kalbsschnitzel (Holzstäbchen entfernen) mit Basilikumblättchen garniert servieren.

Rinderschnitzel in Haselnusspanade

Zubereitungszeit: 120 Min.

Pro Portion:
E: 38 g, F: 39 g, Kh: 53 g, kJ: 2999, kcal: 714

- **20 kleine Schnitzel aus der Rinderschulter (gut abgehangen, je etwa 60 g)**
- **Salz**
- **frisch gemahlener Pfeffer**
- **4 Eier**
- **300 g fein gehackte Haselnusskerne**
- **4 EL Weizenmehl**
- **6 EL Speiseöl**

Für die Beilage:

- **1 Topf Salbei**
- **Salzwasser**
- **4 Pck. (je 250 g) Gnocchi aus dem Kühlregal**
- **80 g Butter**
- **Salz**
- **frisch geriebene Muskatnuss**
- **2 Dosen Rotkohl (je 810 g)**
- **1 kleines Glas Johannisbeergelee (100 g)**

1 Schnitzel unter fließendem kalten Wasser abspülen und trockentupfen. Mit Salz und Pfeffer bestreuen. Eier in einer Schüssel verschlagen, Haselnusskerne ebenfalls in eine Schüssel geben.

2 Schnitzel zuerst in Mehl wenden, dann durch die verschlagenen Eier ziehen, Schnitzel am Schüsselrand etwas abstreifen und zuletzt in den Haselnusskernen wenden. Panade fest andrücken.

3 Jeweils die Hälfte des Speiseöls in einer großen Pfanne erhitzen, Schnitzel in 2 Portionen bei nicht zu starker Hitze von beiden Seiten darin braten (Panade wird schnell dunkel), herausnehmen und warm stellen.

4 Für die Beilage Salbei abspülen und trockentupfen. Die Blättchen von den Stängeln zupfen. Blättchen in feine Streifen schneiden.

5 Salzwasser in einem großen Topf zum Kochen bringen, Gnocchi evtl. in 2 Portionen hinzufügen und 5–10 Minuten ziehen lassen. Wenn sie an der Wasseroberfläche schwimmen, herausnehmen und in zerlassener Butter mit den Salbeistreifen schwenken. Mit Salz und Muskat würzen.

6 Rotkohl in einem Topf erhitzen, Gelee unterrühren, zum Kochen bringen und etwas einkochen lassen. Mit Salz und Pfeffer würzen.

7 Die Schnitzel mit Gnocchi und Rotkohl anrichten, sofort servieren.

Tipp:
Anstelle von Rindfleisch eignet sich Wildfleisch aus der Keule, z. B. Reh oder Hirsch.

Wiener Schnitzel

Zubereitungszeit: 50 Min.

Pro Portion:
E: 28 g, F: 13 g, Kh: 21 g, kJ: 1304, kcal: 311

- **8 Kalbsschnitzel (je etwa 120 g, aus der Oberschale)**
- **Salz**
- **Pfeffer**
- **4 Eier**
- **150 g Weizenmehl**
- **250 g Semmelbrösel**
- **250 g Butterschmalz**

- **8 Stängel krause Petersilie**
- **16 Zitronenspalten**

1 Kalbsschnitzel unter fließendem kalten Wasser abspülen und trockentupfen. Schnitzel zwischen Klarsichtfolie dünn ausklopfen. Schnitzel aus der Folie nehmen, mit Salz und Pfeffer bestreuen.

2 Eier in einer flachen Schüssel verschlagen. Die Schnitzel zuerst in Mehl (überschüssiges Mehl abklopfen), dann in den verschlagenen Eiern und zuletzt in Semmelbröseln wenden, Panade fest andrücken.

3 Jeweils die Hälfte von dem Butterschmalz in einer großen Pfanne erhitzen. Die Schnitzel in 2 Portionen von beiden Seiten etwa 10 Minuten goldbraun darin ausbacken, herausnehmen und auf Küchenpapier abtropfen lassen.

4 Die Schnitzel auf Tellern mit je einem Petersilienstängel und 2 Zitronenspalten anrichten, sofort servieren.

Beilage:
Bratkartoffeln und gemischter Salat oder Kartoffelsalat.

Abwandlung:
Für Schnitzel „Mailänder Art" panieren Sie die Schnitzel statt mit Semmelbröseln mit einer Mischung aus geriebenem Parmesan-Käse und getrocknetem, geriebenen Weißbrot und braten die Schnitzel in Olivenöl.
Als Beilage servieren Sie zu den Schnitzeln „Mailänder Art" Makkaroni, gemischt mit Tomatenwürfeln.

Kalbsschnitzel natur, asiatisch

Zubereitungszeit: 90 Min.

Pro Portion:
E: 34 g, F: 18 g, Kh: 20 g,
kJ: 1613, kcal: 385

- **2 Bund Frühlingszwiebeln (etwa 500 g)**
- **1 Dose Bambussprossen (Abtropfgewicht 175 g)**
- **1 Topf Koriander**
- **10 Kalbsschnitzel aus der Keule (je etwa 120 g)**
- **Salz**
- **frisch geschroteter bunter Pfeffer**
- **4 EL Speiseöl**
- **200 g Cashewkerne**
- **100 g Rosinen**
- **1 TL brauner Zucker**
- **1 EL Balsamico-Essig**
- **4 EL süße Chilisauce**
- **2 EL Sojasauce**

1 Frühlingszwiebeln putzen, waschen, abtropfen lassen und in etwa 2 cm lange Stücke schneiden (einige Stückchen in Ringe schneiden und beiseite legen). Bambussprossen in einem Sieb abtropfen lassen und in kleine Scheiben schneiden. Koriander abspülen und trockentupfen. Die Blättchen vorsichtig von den Stängeln zupfen.

2 Kalbsschnitzel unter fließendem kalten Wasser abspülen und trockentupfen. Mit Salz und Pfeffer bestreuen.

3 Jeweils die Hälfte des Speiseöls in einer großen Pfanne erhitzen. Die Schnitzel in 2 Portionen von beiden Seiten fast gar braten, auf ein Backblech legen und in den Backofen schieben.

Ober-/Unterhitze:
etwa 150 °C (vorgeheizt)
Heißluft: etwa 130 °C (vorgeheizt)
Gas: etwa Stufe 1 (vorgeheizt)
Garzeit: etwa 10 Min.

4 Frühlingszwiebelstückchen, Bambussprossen, Cashewkerne und Rosinen in dem verbliebenen Bratfett kräftig andünsten. Zucker darüber streuen und karamellisieren lassen. Essig, Chili- und Sojasauce unterrühren. Die Masse auf den Schnitzeln verteilen. Mit Pfeffer bestreuen.

5 Die Schnitzel mit dem Gemüse auf einer Platte anrichten, mit den beiseite gelegten Frühlingszwiebelringen bestreut und mit Korianderblättchen garniert servieren.

Beilage:
Feine dünne Bandnudeln oder Langkornreis mit Wildreis. Zusätzlich in Speiseöl gebackenes Krabbenbrot. Erhältlich in Asia-Shops oder großen Supermärkten.

Cordon bleu

Zubereitungszeit: 45 Min.

Pro Portion:
E: 52 g, F: 25 g, Kh: 8 g,
kJ: 1962, kcal: 468

- **16 Kalbsschnitzel (je etwa 75 g)**
- **Salz**
- **frisch gemahlener Pfeffer**
- **8 Scheiben Käse (je etwa 40 g), z. B. Emmentaler-Käse**
- **8 Scheiben gekochter Schinken (je etwa 50 g)**
- **4 Eier**
- **etwa 120 g Semmelbrösel**
- **etwa 80 g Butterschmalz oder Margarine**

1 Kalbsschnitzel unter fließendem kalten Wasser abspülen, trockentupfen, leicht klopfen, mit Salz und Pfeffer bestreuen. 8 Kalbsschnitzel mit je 1 Käse- und Schinkenscheibe belegen, mit je einem weiteren Schnitzel belegen und gut zusammendrücken.

2 Eier in einer flachen Schüssel verschlagen. Die Schnitzel zunächst durch die Eiermasse ziehen, am Schüsselrand etwas abstreifen, dann in den Semmelbröseln wenden. Panade fest andrücken.

3 Jeweils die Hälfte von dem Butterschmalz oder der Margarine in einer großen beschichteten Pfanne erhitzen. Die Schnitzel in 2 Portionen von beiden Seiten darin bei mittlerer Hitze in etwa 10 Minuten hellbraun braten, dabei gelegentlich vorsichtig wenden.

Tipp:
Die Käse- und Schinkenscheiben sollten knapp so groß sein wie die Fleischscheiben.
Schütteln Sie die nicht fest haftenden Semmelbrösel vor dem Braten leicht von den Fleischstücken ab, da die Semmelbrösel sonst zu schnell bräunen und dadurch leicht bitter schmecken.
Sie können die Schnitzel mit einem Fleischklopfer oder Fleischbeil klopfen oder die Schnitzel vom Metzger flach klopfen lassen.

Beilage:
Pommes frites oder Kroketten, Erbsen und Möhren, Blumenkohl oder Spargel.

Abwandlung:
Anstelle von Kalbsschnitzeln können Sie auch Schweine- oder Putenschnitzel verwenden.

Gefüllte Kalbsschnitzel

Zubereitungszeit: 60 Min.

Pro Portion:
E: 36 g, F: 32 g, Kh: 5 g,
kJ: 1941, kcal: 463

- **8 dünne Kalbsschnitzel (je etwa 150 g, aus der Oberschale)**
- **Salz**
- **frisch gemahlener Pfeffer**
- **24 Salbeiblättchen**
- **8 Scheiben Gouda-Käse**
- **40 g Weizenmehl**

- **40 g Butter**
- **3 EL Speiseöl**
- **125 ml (1/8 l) Weißwein**
- **400 ml Schlagsahne**
- **2–3 gestr. TL mittelscharfer Senf**

- **einige Salbeiblättchen**

Außerdem:

- **Holzstäbchen**

Beilage:
Bandnudeln und gemischtes Gemüse, z. B. Möhren und grüner Spargel.

1 Schnitzel unter fließendem kalten Wasser abspülen und trockentupfen. Schnitzel flach klopfen, evtl. in einem Gefrierbeutel. Mit Salz und Pfeffer bestreuen. Salbei abspülen und trockentupfen. Die Blättchen von den Stängeln zupfen. Jeweils 1 Scheibe Käse in der Größe der Schnitzel darauf legen. Dann mit je 3 Salbeiblättchen belegen. Die belegten Fleischscheiben von der schmalen Seite her zusammenklappen und die Öffnungen von beiden Seiten mit Holzstäbchen feststecken. Schnitzel in Mehl wenden.

2 Jeweils die Hälfte der Butter in einer großen Pfanne zerlassen, die Hälfte des Speiseöls mit erhitzen. Die Schnitzel in 2 Portionen von beiden Seiten vorsichtig darin anbraten, herausnehmen und auf eine feuerfeste Platte legen. Die Platte auf dem Rost in den Backofen schieben.

Ober-/Unterhitze: etwa 150 °C (vorgeheizt)
Heißluft: etwa 130 °C (vorgeheizt)
Gas: etwa Stufe 1 (vorgeheizt)
Garzeit: etwa 15 Min.

3 Weißwein und Sahne zum Bratfett geben, unter Rühren zum Kochen bringen. Senf unterrühren. Mit Salz und Pfeffer abschmecken.

4 Schnitzel mit Salbeiblättchen garnieren und mit der Sauce servieren.

Tipp:
Die Schnitzel schmecken noch würziger, wenn sie vor dem Servieren zusätzlich mit Parmaschinkenscheiben belegt werden.
Statt Kalbsschnitzel können auch dünne Schweine- oder Putenschnitzel verwendet werden, dann verlängert sich die Garzeit um etwa 10 Minuten.

Kalbsschnitzel mit Kräuterkruste

Zubereitungszeit: 60 Min.

Pro Portion:
E: 25 g, F: 18 g, Kh: 2 g,
kJ: 1112, kcal: 265

- **8 Kalbsschnitzel (je etwa 125 g)**
- **Salz**
- **frisch gemahlener Pfeffer**

Für die Kräuterkruste:

- **100 g weiche Butter**
- **3 EL geriebener Meerrettich (aus dem Glas)**
- **4 EL gemischte gehackte Kräuter, z. B. Schnittlauch, Petersilie, Kerbel, Estragon**
- **2–4 EL Semmelbrösel**
- **3 Eigelb**

- **50 g Butter**
- **2 EL Speiseöl**

Nach Belieben zum Garnieren:

- **Petersilie**
- **Schnittlauch**
- **Kerbel**
- **Dill**

Beilage:
Röstkartoffeln und Salat.

1 Schnitzel unter fließendem kalten Wasser abspülen und trockentupfen. Mit Salz und Pfeffer bestreuen.

2 Für die Kräuterkruste Butter mit Meerrettich und gemischten Kräutern gut verrühren. Semmelbrösel und Eigelb unterrühren.

3 Jeweils die Hälfte der Butter in einer großen Pfanne zerlassen, je die Hälfte des Speiseöls mit erhitzen. Schnitzel in 2 Portionen von jeder Seite etwa 2 Minuten darin braten, herausnehmen und in eine große flache Auflaufform legen.

4 Die Kräutermischung auf den Schnitzeln verteilen. Die Form auf dem Rost in den Backofen schieben und die Schnitzel überbacken.

Ober-/Unterhitze: etwa 240 °C (vorgeheizt)
Heißluft: etwa 220 °C (vorgeheizt)
Gas: Stufe 5 (vorgeheizt)
Backzeit: etwa 10 Min.

5 Nach Belieben zum Garnieren Petersilie, Schnittlauch, Kerbel und Estragon abspülen und trockentupfen. Die Schnitzel mit den Kräutern garniert servieren.

Variante:
Statt Kalbsschnitzeln Putenschnitzel verwenden, dann die Putenschnitzel bis Punkt 4 wie oben beschrieben zubereiten. Anschließend die Schnitzel auf ein Backblech (gefettet) legen, in den Backofen schieben und bei Ober-/Unterhitze: etwa 200 °C (vorgeheizt), Heißluft: etwa 180 °C (vorgeheizt), Gas: Stufe 3–4 (vorgeheizt) in etwa 25 Minuten fertig garen.

Tipp:
Anstelle der frischen Kräuter 3 Päckchen (je 25 g) TK-Kräuter verwenden.

Kalbsschnitzel in Gorgonzola-Zwieback-Hülle

Zubereitungszeit: 70 Min.

Pro Portion:
E: 39 g, F: 31 g, Kh: 49 g,
kJ: 2655, kcal: 632

- **120 g Gorgonzola-Käse (nicht zu reifen Käse verwenden)**
- **4 Eier**
- **10 (200 g) Zwiebäcke**
- **100 g fein gehackte Walnusskerne**
- **20 kleine Kalbsschnitzel (je etwa 60 g)**
- **Salz**
- **frisch gemahlener Pfeffer**
- **4 EL Weizenmehl**

Für die Beilage:

- **1 Dose Birnenhälften (Abtropfgewicht 460 g)**
- **1 Pck. Kartoffelpüree, 3+3 Portionen, je ½ l Flüssigkeit, Fertigprodukt**
- **100 g Butter**
- **Salz**
- **frisch geriebene Muskatnuss**

- **6 EL Speiseöl**

1 Gorgonzola-Käse durch ein mittelfeines Sieb drücken. Eier in einer Schüssel verschlagen und mit dem Käse verrühren. Zwiebäcke in einen Gefrierbeutel geben, Beutel fest verschließen. Zwiebäcke mit einer Küchenrolle fein zerbröseln. Zwiebackbrösel in eine Schüssel geben und mit den Walnusskernen vermischen.

2 Kalbsschnitzel unter fließendem kalten Wasser abspülen und trockentupfen. Mit Salz und Pfeffer bestreuen.

3 Schnitzel zuerst in Mehl wenden, dann durch die Käse-Eier-Mischung ziehen, Schnitzel am Schüsselrand etwas abstreifen und zuletzt in der Zwieback-Walnuss-Mischung wenden, Panade fest andrücken.

4 Für die Beilage Birnenhälften in einem Sieb abtropfen lassen. Birnenhälften pürieren. Kartoffelpüree mit Butter nach Packungsanleitung zubereiten. Mit Salz, Pfeffer und Muskat würzen. Kartoffelpüree mit dem Birnenmus vermengen, evtl. etwas erhitzen und warm stellen.

5 Jeweils die Hälfte des Speiseöls in einer großen Pfanne erhitzen, die panierten Schnitzel in 2 Portionen von beiden Seiten darin braten, herausnehmen, auf einer vorgewärmten Platte anrichten und mit dem Kartoffel-Birnen-Mus servieren.

Lammschnitzel in Kräuter-Knoblauch-Panade

Zubereitungszeit: 120 Min.

Pro Portion:
E: 42 g, F: 24 g, Kh: 27 g,
kJ: 2075, kcal: 495

Für das Gemüseragout:

- **500 g fest kochende Kartoffeln, z. B. Hansa**
- **Salzwasser**
- **1 Zwiebel**
- **1 Fleischtomate (etwa 150 g)**
- **100 g Butter oder Margarine**
- **500 g TK-Brechbohnen**
- **Salz**
- **frisch gemahlener Pfeffer**
- **200 ml Gemüsebrühe**

- **30 kleine Lammrückenschnitzel (je etwa 50 g, aus dem Lammkarree)**
- **5 Knoblauchzehen**
- **2 EL getrockneter Rosmarin**
- **250 g Semmelbrösel**
- **4 Eier**
- **4 EL Weizenmehl**
- **6 EL Oliven- oder Speiseöl**

1 Für das Ragout Kartoffeln waschen, schälen, abspülen und in gleich große Würfel schneiden.

2 Salzwasser in einem großen Topf zum Kochen bringen, Kartoffelwürfel etwa 10 Minuten darin kochen. Anschließend in ein Sieb geben, mit kaltem Wasser übergießen und abtropfen lassen.

3 Zwiebel abziehen und in kleine Würfel schneiden. Tomate waschen, abtrocknen, den Stängelansatz herausschneiden. Tomate entkernen und ebenfalls in Würfel schneiden.

4 Butter oder Margarine in einem großen Topf oder Bräter zerlassen. Zwiebelwürfel darin glasig dünsten, Kartoffelwürfel und Bohnen hinzugeben, mit andünsten. Mit Salz und Pfeffer würzen. Brühe hinzugießen, zum Kochen bringen und zugedeckt 10–15 Minuten bei schwacher Hitze garen. Zuletzt Tomatenwürfel unterheben, mit Salz und Pfeffer abschmecken.

5 Lammschnitzel unter fließendem kalten Wasser abspülen, trockentupfen und etwas flach drücken. Mit Salz und Pfeffer bestreuen.

6 Knoblauch abziehen und fein hacken. Rosmarin ebenfalls fein hacken. Semmelbrösel in eine Schüssel geben, mit Knoblauch und Rosmarin mischen. Eier in einer Schüssel verschlagen.

7 Die Schnitzel zuerst in Mehl wenden, dann durch die verschlagenen Eier ziehen, Schnitzel am Schüsselrand abstreifen und zuletzt in der Semmelbröselmischung wenden. Panade gut andrücken.

8 Jeweils etwas von dem Oliven- oder Speiseöl in einer großen Pfanne erhitzen, Lammschnitzel portionsweise von beiden Seiten darin braten, herausnehmen und mit dem Kartoffel-Bohnen-Ragout anrichten.

Tipp:
Eventuell mit frischen Rosmarinzweigen und Tomatenwürfeln garnieren. Anstelle von Lammrücken kann auch abgehangenes Fleisch aus der Keule verwendet werden.

Lammschnitzel in Rösti-Panade

Zubereitungszeit: 120 Minuten

Pro Portion:
E: 33 g, F: 18 g, Kh: 24 g,
kJ: 1643, kcal: 392

Für das provenzalische Gemüse:

- **1 große Zucchini (etwa 250 g)**
- **1 Aubergine (etwa 250 g)**
- **1 Fleischtomate (etwa 300 g)**
- **je 1 gelbe, rote und grüne Paprikaschote (etwa 750 g)**
- **4 EL Olivenöl**
- **Salz, Pfeffer**
- **Knoblauchpulver**
- **1 Pck. TK-Kräuter der Provence**

Für die Lammschnitzel:

- **1 kg fest kochende Kartoffeln**
- **60 g Speisestärke**
- **2 Eier**
- **20 kleine Lammschnitzel aus dem Rücken (je etwa 60 g)**
- **4 EL Weizenmehl**
- **8 EL Olivenöl**
- **1 Topf Basilikum**

1 Für das Gemüse Zucchini waschen, abtrocknen und die Enden abschneiden. Zucchini in Würfel schneiden. Aubergine waschen, abtrocknen und den Stängelansatz entfernen. Aubergine ebenfalls in Würfel schneiden. Tomate waschen, abtrocknen und den Stängelansatz herausschneiden. Tomate halbieren, entkernen und in Stücke schneiden.

2 Paprika halbieren, entstielen, entkernen, die weißen Scheidewände entfernen. Die Schoten waschen und in Würfel schneiden.

3 Olivenöl in einem Topf erhitzen. Zunächst Paprikawürfel, dann Zucchini-, Auberginenwürfel und zuletzt Tomatenstücke (evtl. in 2 Portionen) darin andünsten, evtl. etwas Wasser hinzugeben, zum Kochen bringen und unter mehrmaligem Rühren etwa 10 Minuten garen. Mit Salz, Pfeffer und Knoblauch kräftig würzen. Kräuter der Provence unterrühren.

4 Für die Schnitzel Kartoffeln waschen, schälen, abspülen und abtropfen lassen. Kartoffeln fein reiben, in ein Sieb geben und gut abtropfen lassen. Anschließend in eine Schüssel geben, Speisestärke und Eier hinzugeben, gut vermischen. Mit Salz und Pfeffer würzen.

5 Schnitzel unter fließendem kalten Wasser abspülen und trockentupfen. Schnitzel etwas flach drücken, mit Salz und Pfeffer bestreuen. Schnitzel zuerst in Mehl wenden, dann durch die Kartoffel-Eier-Masse ziehen. Panade etwas andrücken.

6 Jeweils die Hälfte des Olivenöls in einer großen Pfanne erhitzen, Schnitzel in 2 Portionen bei nicht zu starker Hitze von beiden Seiten etwa 10 Minuten darin braten.

7 Basilikum abspülen und trockentupfen. Einige Blättchen von den Stängeln zupfen. Lammschnitzel mit dem Gemüse anrichten und mit Basilikumblättern oder -zweigen garniert servieren.

Tipp:
Es können auch Lammschnitzel aus der Keule verwendet werden, dann beträgt die Garzeit etwa 20 Minuten.

Ratatouille-Schnitzel

Zubereitungszeit: 90 Min.

Pro Portion:
E: 43 g, F: 19 g, Kh: 12 g,
kJ: 1656, kcal: 396

Für das Ratatouille:

- **1 große Gemüsezwiebel (etwa 400 g)**
- **2 große rote Paprikaschoten (je etwa 300 g)**
- **je 1 große grüne und gelbe Paprikaschote (je etwa 300 g)**
- **600 g Zucchini**
- **500 g Auberginen**
- **100 ml Olivenöl**
- **3 Knoblauchzehen**
- **2 EL Tomatenmark**
- **Salz**
- **frisch gemahlener Pfeffer**
- **getrockneter Rosmarin, Oregano, Thymian**
- **200 g Schafkäse**

- **8–10 Hähnchenbrustfilets (je etwa 150 g)**
- **40 g Weizenmehl**
- **6 EL Olivenöl**

Beilage:
Risotto-Reis oder Ofenkartoffeln.

1 Für das Ratatouille Zwiebel abziehen, halbieren und in Streifen schneiden. Paprika halbieren, entstielen, entkernen, die weißen Scheidewände entfernen. Die Schoten waschen und in Streifen schneiden. Zucchini und Auberginen waschen, abtrocknen und die Enden abschneiden. Zucchini und Auberginen in mundgerechte Stücke schneiden.

2 Jeweils die Hälfte des Olivenöls in einer großen Pfanne erhitzen. Die Gemüsezutaten in 2 Portionen darin andünsten. Knoblauch abziehen und durch eine Knoblauchpresse drücken. Knoblauch und Tomatenmark unter das Gemüse rühren. Mit Salz, Pfeffer, Rosmarin, Oregano und Thymian würzen. Schafkäse in Würfel schneiden und unterheben.

3 Hähnchenbrustfilets evtl. nochmals halbieren, dann unter fließendem kalten Wasser abspülen und trockentupfen. Mit Salz und Pfeffer bestreuen. Mit Mehl bestäuben.

4 Jeweils die Hälfte des Olivenöls in einer großen Pfanne erhitzen. Hähnchenbrustfilets in 2 Portionen von beiden Seiten gut darin anbraten, herausnehmen und in eine große flache Auflaufform legen. Ratatouille darauf verteilen. Die Form auf dem Rost in den Backofen schieben.

Ober-/Unterhitze: etwa 200 °C (vorgeheizt)
Heißluft: etwa 180 °C (nicht vorgeheizt)
Gas: Stufe 3–4 (nicht vorgeheizt)
Garzeit: etwa 35 Min.

Putenschnitzel (Titelfoto)

Zubereitungszeit: 50 Min.

Pro Portion:
E: 33 g, F: 9 g, Kh: 17 g,
kJ: 1177, kcal: 282

- **8 Putenschnitzel (je 125–150 g)**
- **Salz**
- **frisch gemahlener Pfeffer**
- **Paprikapulver edelsüß**
- **2 Eier**
- **100 g Weizenmehl**
- **200 g Semmelbrösel**
- **150 g Butter oder Margarine**

- **einige Salatblätter**
- **Zitronenspalten**

1 Putenschnitzel unter fließendem kalten Wasser abspülen und trockentupfen. Mit Salz, Pfeffer und Paprika bestreuen. Eier in einer flachen Schüssel verschlagen.

2 Schnitzel zuerst in Mehl wenden, dann durch die verschlagenen Eier ziehen, am Schüsselrand etwas abstreifen und zuletzt in Semmelbröseln wenden.

3 Butter oder Margarine in einer großen Pfanne zerlassen. Schnitzel in 2 Portionen von beiden Seiten etwa 15 Minuten darin goldgelb braten und auf vorgewärmten Tellern anrichten. Mit Salatblättern und Zitronenspalten garniert servieren.

Beilage:
Frischer Tomaten-Blattsalat.

Abwandlung:
Belegen Sie die Putenschnitzel zusätzlich mit Pfirsichscheiben. Dafür 4 Pfirsiche (je 150 g) kurze Zeit in kochendes Wasser legen (nicht kochen lassen), in kaltem Wasser abschrecken, halbieren, enthäuten, entsteinen, Pfirsichfleisch in Scheiben schneiden und in 40 g zerlassener Butter gar dünsten lassen. Die Putenschnitzel mit den Pfirsichscheiben belegen und servieren.

Tipp:
Schnitzel zusätzlich mit Currypulver würzen.

Gefüllte Putenschnitzel

Zubereitungszeit: 65 Min.

Pro Portion:
E: 47 g, F: 25 g, Kh: 9 g,
kJ: 1835, kcal: 440

- **4 Putenbrustfilets (je 350 g, vom Metzger je eine Tasche einschneiden lassen)**
- **Salz**
- **frisch gemahlener weißer Pfeffer**
- **Paprikapulver edelsüß**

Für die Füllung:

- **1 mittelgroße Zucchini (etwa 250 g)**
- **2 Bund Basilikum**
- **300 g Schafkäse**
- **80 g Weizenmehl**
- **60 g Butterschmalz**

Für die Sauce:

- **2 Becher (je 150 g) Crème fraîche**
- **2 EL Tomatenmark**
- **gerebeltes Basilikum**
- **1 Glas Champignonscheiben (Abtropfgewicht 325 g)**
- **Cayennepfeffer**

Außerdem:

- **Holzstäbchen**

1 Putenbrustfilets unter fließendem kalten Wasser abspülen und trockentupfen. Mit Salz, Pfeffer und Paprika bestreuen.

2 Für die Füllung Zucchini waschen, abtrocknen und die Enden abschneiden. Zucchini in kleine Würfel schneiden. Basilikum abspülen und trockentupfen. Die Blättchen von den Stängeln zupfen. Blättchen in feine Streifen schneiden.

3 Schafkäse in kleine Würfel schneiden. Zucchini-, Schafkäsewürfel und Basilikum gut vermischen, mit Salz und Pfeffer würzen. Die Schnitzel mit der Zucchini-Schafkäse-Masse füllen. Die Öffnungen mit Holzstäbchen zusammenstecken.

4 Die gefüllten Schnitzel in Mehl wenden. Butterschmalz in einer großen Pfanne erhitzen. Schnitzel etwa 25 Minuten von beiden Seiten darin braten, herausnehmen, auf eine vorgewärmte Platte legen und warm stellen.

5 Für die Sauce den Bratensatz mit Crème fraîche, Tomatenmark und Basilikum verrühren. Champignonscheiben hinzufügen. Mit Cayennepfeffer, Salz und Pfeffer würzen. Schnitzel (Holzstäbchen entfernen) hinzugeben und nochmals erhitzen. Schnitzel herausnehmen, in Scheiben schneiden und mit der Sauce anrichten.

Beilage:
Kräuterkartoffeln, Spätzle, Reis, verschiedene Blattsalate, Paprikasalat, Baguette mit Kräuterbutter.

Tipp:
Statt Schafkäse kann auch Ziegenkäse verwendet werden.

Putenschnitzel à la Bordelaise

Zubereitungszeit: 110 Min., ohne Auftauzeit

Pro Portion:
E: 40 g, F: 18 g, Kh: 23 g, kJ: 1740, kcal: 416

- **250 g weiße Champignons**
- **1 große Gemüsezwiebel (etwa 250 g)**
- **500 g Staudensellerie**
- **4 EL Speiseöl**
- **200 g Semmelbrösel**
- **2 Pck. TK-Kräuter der Provence**
- **2 Eier**
- **Salz**
- **frisch gemahlener Pfeffer**

- **8–10 Putenschnitzel (je etwa 120 g)**

Für das Gemüse:
- **100 g durchwachsener Speck**
- **100 g Butter oder Margarine**
- **1 kg TK-Brechbohnen**

1 Champignons putzen, mit Küchenpapier abreiben, evtl. abspülen und trockentupfen. Champignons in kleine Würfel schneiden. Gemüsezwiebel abziehen und ebenfalls in kleine Würfel schneiden. Sellerie putzen, waschen, abtropfen lassen und klein würfeln.

2 Etwas von dem Speiseöl in einer Pfanne erhitzen. Zwiebel-, Champignon- und Selleriewürfel darin andünsten. Semmelbrösel, Kräuter der Provence und Eier hinzugeben. Die Zutaten gut vermengen. Mit Salz und Pfeffer würzen.

3 Putenschnitzel unter fließendem kalten Wasser abspülen und trockentupfen. Mit Salz und Pfeffer bestreuen.

4 Jeweils die Hälfte des restlichen Speiseöls in einer großen Pfanne erhitzen. Die Schnitzel in 2 Portionen von beiden Seiten darin anbraten und auf ein Backblech (gefettet) legen. Gemüse-Semmelbrösel-Masse darauf verteilen. Das Backblech in den Backofen schieben.

Ober-/Unterhitze:
180–200 °C (vorgeheizt)
Heißluft: 160–180 °C (vorgeheizt)
Gas: etwa Stufe 3 (vorgeheizt)
Garzeit: etwa 20 Min.

5 Für das Gemüse Speck in kleine Würfel schneiden. Speckwürfel in einer Pfanne ausbraten. Butter oder Margarine darin zerlassen. Tiefgekühlte Bohnen und etwas Wasseer hinzufügen. Mit Salz und Pfeffer würzen und zugedeckt etwa 8 Minuten garen.

6 Die Schnitzel mit dem Bohnengemüse auf Tellern anrichten und nach Belieben mit Thymian, Tomatenwürfeln, Basilikum und Rosmarin garniert servieren.

Beilage:
Bratkartoffeln oder Fertigprodukte, z. B. Kroketten und Herzogin-Kartoffeln.

Abwandlung:
Für die klassische Variante verwenden Sie 100 g Rindermark anstelle von Selleriewürfeln.

Tipp:
Servieren Sie zu diesem Gericht eine braune Bratensauce, die mit Rotwein verfeinert wird.

Gefüllte Putenschnitzel auf schwedische Art

Zubereitungszeit: 85 Min.

Pro Portion:
E: 28 g, F: 9 g, Kh: 12 g,
kJ: 1027, kcal: 246

- **8 dünne Putenschnitzel (je etwa 120 g)**
- **grob gestoßener Java-Pfeffer**
- **16 entkernte Backpflaumen**
- **8 Scheiben Frühstücksspeck (Bacon)**
- **6 EL Speiseöl**

- **2 rote Zwiebeln**
- **je 1 rote, grüne und gelbe Paprikaschote**
- **1 Glas (400 ml) Geflügelfond**
- **2 EL gehackter Dill**
- **2 EL flüssiger Honig**
- **Salz**

Nach Belieben:
- **einige Dillspitzen**

Außerdem:
- **Holzstäbchen**

1 Putenschnitzel unter fließendem kalten Wasser abspülen, trockentupfen und auf einer Arbeitsfläche ausbreiten. Schnitzel evtl. flach klopfen und mit Pfeffer bestreuen. Jeweils zwei Backpflaumen mit je einer Scheibe Speck umhüllen, auf die Fleischscheiben legen und von der schmalen Seite her aufrollen. Mit Holzstäbchen zusammenhalten.

2 Speiseöl in einer großen Pfanne zerlassen. Die Putenröllchen von allen Seiten etwa 5 Minuten darin anbraten, herausnehmen und in eine große flache Auflaufform legen.

3 Zwiebeln abziehen und in kleine Würfel schneiden. Paprika halbieren, entstielen, entkernen, die weißen Scheidewände entfernen. Die Schoten waschen und in kleine Würfel schneiden.

4 Zwiebel- und Paprikawürfel in dem verbliebenen Bratfett andünsten. Fond hinzugießen, Dill und Honig unterrühren. Mit Salz würzen. Die Zutaten zum Kochen bringen und auf den Putenröllchen verteilen. Die Form auf dem Rost in den Backofen schieben.

Ober-/Unterhitze:
etwa 200 °C (vorgeheizt)
Heißluft: etwa 180 °C (vorgeheizt)
Gas: Stufe 3–4 (vorgeheizt)
Garzeit: etwa 30 Min.

5 Die Schnitzel (Holzstäbchen entfernen) auf einer Platte mit dem Gemüse anrichten. Nach Belieben mit Dillspitzen garnieren.

Beilage:
Butterkartoffeln oder geröstete Weißbrotscheiben und frische Blattsalate.

Aprikosen-Curry-Schnitzel

Zubereitungszeit: 75 Min.

Pro Portion:
E: 40 g, F: 27 g, Kh: 31 g,
kJ: 2231, kcal: 533

- **8–10 Hähnchenbrustfilets (je etwa 150 g)**
- **Salz**
- **frisch gemahlener Pfeffer**
- **40 g Weizenmehl**
- **4 EL Speiseöl**

- **4 Stangen Porree (Lauch)**
- **Salzwasser**
- **2 Dosen Aprikosenhälften (Abtropfgewicht je 480 g)**

- **2 Becher (je 250 ml [1/4 l]) Schlagsahne**
- **1 Becher (250 g) Schmand**
- **2 EL Currypulver**
- **40 g Weizenmehl**
- **200 ml Aprikosensaft**
- **250 ml (1/4 l) Gemüsebrühe**

1 Hähnchenbrustfilets unter fließendem kalten Wasser abspülen und trockentupfen. Mit Salz und Pfeffer bestreuen und in Mehl wenden.

2 Jeweils die Hälfte des Speiseöls in einer großen Pfanne erhitzen. Hähnchenbrustfilets in 2 Portionen von beiden Seiten darin anbraten und in einen Bräter legen.

3 Porree putzen, die Stangen längs halbieren. Porree waschen, abtropfen lassen und in Streifen schneiden. Salzwasser in einem Topf zum Kochen bringen. Porreestreifen hinzugeben, einmal aufkochen lassen und anschließend in einem Sieb abtropfen lassen.

4 Aprikosenhälften in einem Sieb abtropfen lassen, den Saft dabei auffangen und 200 ml davon abmessen. Aprikosenhälften nochmals halbieren und mit den Porreestreifen auf den Hähnchenbrustfilets verteilen.

5 Sahne, Schmand, Curry, Salz und Pfeffer in einem Topf verrühren und aufkochen lassen. Mehl mit Aprikosensaft anrühren und unter Rühren hinzufügen. Brühe hinzugießen und unter Rühren nochmals zum Kochen bringen. Die Hähnchenbrustfilets mit der Sauce übergießen. Den Bräter ohne Deckel auf dem Rost in den Backofen schieben.

Ober-/Unterhitze:
etwa 200 °C (vorgeheizt)
Heißluft: etwa 180 °C
(nicht vorgeheizt)
Gas: Stufe 3–4 (nicht vorgeheizt)
Garzeit: etwa 60 Min.

Beilage:
Curryreis oder Reis mit Wildreis gemischt oder Rösti.

Tipp:
Nach der Hälfte der Garzeit die Schnitzel mit 150 g geriebenem Käse bestreuen.

Hähnchenschnitzel in Kräuterpanade

Zubereitungszeit: 120 Min.

Pro Portion:
E: 44 g, F: 20 g, Kh: 58 g,
kJ: 2497, kcal: 597

- **250 g Semmelbrösel**
- **2 Pck. TK-Kräuter der Provence**
- **4 Eier**
- **10 Hähnchenbrustfilets (je etwa 120 g)**
- **Salz**
- **frisch gemahlener Pfeffer**
- **4 EL Weizenmehl**
- **8 EL Speiseöl**

Für die Fenchelnudeln:

- **5 l Wasser**
- **5 gestr. TL Salz**
- **500 g feine Bandnudeln oder Spaghetti**
- **1 Fenchelknolle (etwa 300 g)**
- **100 g Butter oder Margarine**

1 Semmelbrösel in einer Schüssel mit den Kräutern vermischen. Eier in einer Schüssel verschlagen.

2 Hähnchenbrustfilets unter fließendem kalten Wasser abspülen und trockentupfen. Mit Salz und Pfeffer bestreuen.

3 Filets zuerst in Mehl wenden, dann durch die verschlagenen Eier ziehen, Filets am Schüsselrand etwas abstreifen und zuletzt in der Semmelbrösel-Kräuter-Mischung wenden, Panade fest andrücken.

4 Jeweils die Hälfte des Speiseöls in einer großen Pfanne erhitzen, Filets in 2 Portionen von beiden Seiten darin anbraten, herausnehmen und auf ein Backblech (gefettet) legen. Das Backblech in den Backofen schieben.

Ober-/Unterhitze:
180–200 °C (vorgeheizt)
Heißluft: 160–180 °C (vorgeheizt)
Gas: etwa Stufe 3 (vorgeheizt)
Garzeit: etwa 20 Min.

5 Für die Fenchelnudeln Wasser in einem großen Topf mit geschlossenem Deckel zum Kochen bringen. Salz und Nudeln zugeben. Die Nudeln im geöffneten Topf bei mittlerer Hitze nach Packungsanleitung kochen lassen, dabei zwischendurch 4–5-mal umrühren.

6 Anschließend die Nudeln in ein Sieb geben, mit heißem Wasser abspülen und abtropfen lassen.

7 Von der Fenchelknolle die Stiele dicht oberhalb der Knolle abschneiden. Braune Stellen und Blätter entfernen. Wurzelende gerade schneiden. Knolle waschen, abtropfen lassen, halbieren, in feine Streifen oder in kleine Würfel schneiden.

8 Butter oder Margarine in einer großen Pfanne erhitzen, Fenchelstreifen oder -würfel darin andünsten. Nudeln hinzugeben und miteinander gut vermischen. Mit Salz und Pfeffer würzen.

Tipp:
Anstelle von Hähnchenbrustfilets kann auch Kalb-oder Schweinefleisch verwendet werden.
Zusätzlich noch frische Kräuter der Provence unter die Nudeln heben oder die Fenchelnudeln damit bestreuen.

Dschungelschnitzel à la Tarzan

Zubereitungszeit: 50 Min.

Pro Portion:
E: 32 g, F: 18 g, Kh: 2 g,
kJ: 1259, kcal: 301

- **8 kleine Putenschnitzel (je etwa 140 g)**
- **2 gestr. TL Salz**
- **2 gestr. TL Currypulver**
- **2 Eier**
- **150 g Kokosraspel**
- **6 EL Speiseöl**
- **Saft von 1 Zitrone**

1 Schnitzel unter fließendem kalten Wasser abspülen und trockentupfen. Mit Salz und Curry bestreuen.

2 Eier in einer flachen Schüssel verschlagen. Kokosraspel in einen zweiten Teller geben. Die Schnitzel zunächst durch die verschlagenen Eier ziehen, am Schüsselrand etwas abstreifen, dann in Kokosraspeln wenden. Kokosraspel gut festdrücken.

3 Jeweils die Hälfte des Speiseöls in einer Pfanne erhitzen. Die Schnitzel in 2 Portionen von beiden Seite etwa 12 Minuten goldbraun braten, herausnehmen und warm stellen. Schnitzel vor dem Servieren mit Zitronensaft beträufeln.

Beilage:
Reis und Curryfrüchte. Für die Curryfrüchte eine Dose Cocktailfrüchte (Abtropfgewicht 185 g) in einem Sieb abtropfen lassen, den Saft dabei auffangen. 30 g Butter in einem Topf zerlassen, 30 g Weizenmehl unter Rühren so lange darin erhitzen, bis es hellgelb ist. 500 ml (1/2 l) Flüssigkeit (aufgefangener Saft mit Wasser aufgefüllt) nach und nach hinzugießen, mit einem Schneebesen durchschlagen, darauf achten, dass keine Klümpchen entstehen. Die Sauce unter Rühren etwa 5 Minuten kochen lassen. Mit Curry, Salz und Pfeffer abschmecken, Früchte unterrühren.

Abwandlung:
Anstelle der Kokosraspel können die Schnitzel auch in Semmelbröseln oder zerbröselten Cornflakes gewendet werden.

Tipp:
Die Dschungelschnitzel schmecken auch kalt sehr lecker und eignen sich gut für ein Picknick.

Putenschnitzel in Schwarzbrotpanade

Zubereitungszeit: 95 Min.

Pro Portion:
E: 39 g, F: 18 g, Kh: 31 g, kJ: 1865, kcal: 445

Zum Vorbereiten:

- **1 kg fest kochende Kartoffeln z. B. Hansa**

- **10 Scheiben Schwarzbrot (je etwa 30 g)**
- **4 Eier**
- **10 Putenschnitzel (je etwa 120 g)**
- **Salz**
- **frisch gemahlener Pfeffer**
- **4 EL Weizenmehl**
- **6 EL Speiseöl**

- **1 Steckrübe (etwa 850 g)**
- **Salzwasser**
- **1 Zwiebel**
- **1 Bund Thymian**
- **100 g Butter oder Margarine**
- **100 ml Gemüsebrühe**
- **1 Pck. TK-Petersilie**

1 Zum Vorbereiten Kartoffeln waschen, zugedeckt in Wasser zum Kochen bringen, gar kochen lassen, abgießen, abdämpfen und heiß pellen. Kartoffeln in Scheiben schneiden, beiseite stellen. Schwarzbrot zerbröseln, fein hacken und in eine Schüssel geben. Eier in einer Schüssel verschlagen.

2 Schnitzel unter fließendem kalten Wasser abspülen und trockentupfen. Mit Salz und Pfeffer bestreuen. Schnitzel zuerst in Mehl wenden, dann durch die verschlagenen Eier ziehen. Schnitzel am Schüsselrand etwas abstreifen und zuletzt in den Schwarzbrotkrümeln wenden. Panade fest andrücken.

3 Jeweils die Hälfte des Speiseöls in einer großen Pfanne erhitzen, Schnitzel in 2 Portionen von beiden Seiten darin anbraten, herausnehmen und auf ein Backblech (gefettet) legen. Das Backblech in den Backofen schieben.

Ober-/Unterhitze:
etwa 180 °C (vorgeheizt)
Heißluft: etwa 160 °C (vorgeheizt)
Gas: Stufe 2–3 (vorgeheizt)
Garzeit: etwa 30 Min.

4 Steckrübe putzen, schälen, waschen und in Stifte schneiden. Salzwasser zum Kochen bringen. Steckrübenstifte etwa 10 Minuten darin garen. Anschließend in ein Sieb geben, mit kaltem Wasser übergießen und abtropfen lassen. Zwiebel abziehen und würfeln. Thymian abspülen und trockentupfen. Die Blättchen von den Stängeln zupfen.

5 Etwas Butter oder Margarine in einem Topf zerlassen, Zwiebelwürfel darin glasig dünsten. Steckrübenstifte hinzugeben und kurz mit andünsten. Brühe hinzugießen, zum Kochen bringen und zugedeckt bei schwacher Hitze etwa 10 Minuten garen. Mit Salz und Pfeffer würzen. Petersilie unterrühren.

6 Restliche Butter oder Margarine in einer großen Pfanne zerlassen. Beiseite gelegte Kartoffelscheiben hinzugeben und unter mehrmaligem Wenden braun braten. Mit Salz und Pfeffer würzen. Thymianblättchen unterheben. Schnitzel mit Bratkartoffeln und Steckrübengemüse servieren.

Hähnchenschnitzel in Zitronen-Ei-Hülle

Zubereitungszeit: 80 Min.

Pro Portion:
E: 38 g, F: 15 g, Kh: 52 g,
kJ: 2077, kcal: 496

- **8–10 Hähnchenbrustfilets (je etwa 125 g)**
- **Salz, Pfeffer**
- **1 Topf Zitronenmelisse**
- **3 Eier**
- **1 Pck. Finesse Geriebene Zitronenschale**
- **100 g Weizenmehl**
- **60 g Butter oder Margarine**
- **3 EL Speiseöl**

Für den Safranreis:

- **2 EL Speiseöl**
- **500 g Langkornreis**
- **1 Döschen (0,2 g) Safran**
- **1 l Gemüsebrühe**

Für das Frühlingsgemüse:

- **500 g grüner Spargel**
- **250 ml (1/4 l) Wasser**
- **1/2 gestr. TL Salz**
- **Zucker**
- **500 g Kaiserschoten (Zuckerschoten)**
- **80 g Butter**
- **einige Zitronenmelisseblättchen**

1 Hähnchenbrustfilets unter fließendem kalten Wasser abspülen und trockentupfen. Die Filets in einen Gefrierbeutel legen, flach klopfen und herausnehmen. Hähnchenbrustfilets mit Salz und Pfeffer bestreuen.

2 Zitronenmelisse abspülen und trockentupfen. Die Blättchen von den Stängeln zupfen. Blättchen fein hacken.

3 Eier in einer Schüssel verschlagen, Zitronenmelisse und Zitronenschale unterrühren.

4 Hähnchenbrustfilets zuerst in Mehl wenden, dann durch die Eiermasse ziehen und am Schüsselrand etwas abstreifen.

5 Butter oder Margarine in einer großen Pfanne zerlassen, Speiseöl mit erhitzen. Hähnchenbrustfilets evtl. in 2 Portionen von beiden Seiten 2–3 Minuten darin anbraten, herausnehmen und auf ein Backblech (gefettet) legen. Das Backblech in den Backofen schieben.

Ober-/Unterhitze: etwa 180 °C (vorgeheizt)
Heißluft: etwa 160 °C (vorgeheizt)
Gas: Stufe 2–3 (vorgeheizt)
Backzeit: etwa 20 Min.

6 Für den Safranreis Speiseöl in einem großen Topf erhitzen, Reis hinzufügen und unter Rühren darin anrösten. Safran unterrühren. Brühe hinzugießen und zum Kochen bringen. Den Reis unter gelegentlichem Rühren in 15–20 Minuten ausquellen lassen. Der Reis soll dabei die gesamte Flüssigkeit aufsaugen. Reis mit Salz abschmecken.

7 Für das Gemüse von dem Spargel das untere Drittel schälen, untere Enden abschneiden. Spargel waschen, abtropfen lassen und in 2–3 cm lange Stücke schneiden. Wasser mit Salz und Zucker in einem Topf zum Kochen bringen. Spargelstücke hinzugeben und zugedeckt etwa 8 Minuten kochen lassen. Spargelstücke mit einem Schaumlöffel herausnehmen, in ein Sieb geben und abtropfen lassen.

8 Von den Kaiserschoten die Enden abschneiden. Die Scho-

(Fortsetzung Seite 74)

ten evtl. abfädeln. Schoten waschen und abtropfen lassen. Spargelwasser wieder zum Kochen bringen. Kaiserschoten etwa 3 Minuten darin blanchieren, in ein Sieb geben, mit kaltem Wasser übergießen und abtropfen lassen.

9 Butter in einer Pfanne zerlassen. Spargelstücke und Kaiserschoten kurz darin andünsten. Mit Salz und Pfeffer würzen.

10 Die Hähnchenschnitzel mit Safranreis und Frühlingsgemüse anrichten, mit Zitronenmelisseblättchen garnieren und sofort servieren.

Putenschnitzel in Kokospanade

Zubereitungszeit: 80 Min.

Pro Portion:
E: 38 g, F: 30 g, Kh: 34 g,
kJ: 2370, kcal: 568

- **10 Putenschnitzel (je etwa 120 g)**
- **Salz, Pfeffer**
- **4 Eier, 200 g Kokosraspel**
- **4 EL Weizenmehl**
- **6 EL Speiseöl**

Für die Fruchtbeilage:

- **10 Mini-Bananen (etwa 500 g)**
- **10 Scheiben Ananas aus der Dose (etwa 300 g)**
- **2 Mangos (etwa 1 kg)**
- **2 Pck. Instant Currysauce, z. B. von Knorr**
- **2 EL Mango-Chutney**
- **2 EL süße Chilisauce**
- **100 g Butter oder Margarine**

- **1 Topf Minze**

1 Putenschnitzel unter fließendem kalten Wasser abspülen und trockentupfen. Mit Salz und Pfeffer bestreuen. Eier in einer Schüssel verschlagen. Kokosraspel ebenfalls in eine Schüssel geben.

2 Schnitzel zuerst in Mehl wenden, dann durch die verschlagenen Eier ziehen, Schnitzel am Schüsselrand etwas abstreifen und zuletzt in den Kokosraspeln wenden. Panade fest andrücken.

3 Jeweils die Hälfte des Speiseöls in einer großen Pfanne erhitzen, Schnitzel in 2 Portionen von beiden Seiten darin braten, herausnehmen und auf ein Backblech (gefettet) legen. Das Backblech in den Backofen schieben.

Ober-/Unterhitze:
etwa 150 °C (vorgeheizt)
Heißluft: etwa 130 °C (vorgeheizt)
Gas: etwa Stufe 1 (vorgeheizt)
Garzeit: etwa 15 Min.

4 Für die Beilage Bananen schälen, Ananasscheiben in einem Sieb abtropfen lassen. Mangos halbieren, Kerne herausnehmen, Mangohälften schälen. Das Fruchtfleisch in etwa 10 gleich große Stücke schneiden.

5 Currysauce nach Packungsanleitung zubereiten. Mango-Chutney und Chilisauce unterrühren.

6 Jeweils etwas von der Butter oder Margarine in einer großen Pfanne zerlassen. Die vorbereiteten Früchte portionsweise bei schwacher Hitze unter Wenden darin braten.

7 Minze abspülen und trockentupfen. Die Blättchen von den Stängeln zupfen. Die Schnitzel mit den Früchten und der Currysauce anrichten, mit Minzeblättchen garniert servieren.

Rotbarschschnitzel in Cornflakes-Kruste

Zubereitungszeit: 80–90 Min.

Pro Portion:
E: 31 g, F: 12 g, Kh: 22 g,
kJ: 1375, kcal: 328

- **20 kleine Rotbarschfilets (je etwa 60 g)**
- **Zitronensaft**
- **Salz**
- **frisch gemahlener Pfeffer**
- **250 g Cornflakes**
- **4 Eier**
- **4 EL Weizenmehl**

Für den Salat:

- **1 Eisbergsalat (etwa 200 g)**
- **1 Lollo rosso (etwa 200 g)**
- **1 Bund Radieschen (etwa 200 g)**
- **1 Bund Schnittlauch**
- **2 Becher Joghurt (je 100 g)**
- **Saft von 2 Zitronen**
- **1 EL Zucker**

- **6 EL Speiseöl**

Beilage:
Salzkartoffeln in Butter geschwenkt und mit gehackten Kräutern vermischt.

1 Rotbarschfilets unter fließendem kalten Wasser abspülen und trockentupfen, evtl. etwas flach drücken. Mit Zitronensaft beträufeln. Mit Salz und Pfeffer bestreuen.

2 Cornflakes in einen Gefrierbeutel geben, Beutel fest verschließen. Cornflakes mit einer Küchenrolle fein zerbröseln und in eine Schüssel geben. Eier in einer Schüssel verschlagen.

3 Filets zuerst in Mehl wenden, dann durch die verschlagenen Eier ziehen, Filets am Schüsselrand etwas abstreifen und zuletzt in den Cornflakesbröseln wenden. Panade fest andrücken.

4 Für den Salat Eisbergsalat und Lollo rosso putzen, in Stücke zupfen, waschen, gut abtropfen lassen oder in einer Salatschleuder trocknen. Radieschen putzen, waschen, trockentupfen und in Scheiben schneiden. Schnittlauch abspülen, trockentupfen und in Röllchen schneiden.

5 Joghurt mit Zitronensaft, Salz, Pfeffer und Zucker verrühren und kräftig abschmecken. Den Salat mit der Joghurtsauce mischen und mit Schnittlauchröllchen bestreuen.

6 Speiseöl in einer großen Pfanne erhitzen, die panierten Filets in 2 Portionen bei schwacher Hitze in etwa 6 Minuten von beiden Seiten darin braten, herausnehmen und auf eine vorgewärmte Platte legen.

7 Die Rotbarschschnitzel mit dem Salat servieren.

Kabeljauschnitzel in Dillpanade

Zubereitungszeit: 80 Min.

Pro Portion:
E: 27 g, F: 17 g, Kh: 5 g,
kJ: 1168, kcal: 279

- **2 Bund Dill**
- **4 Eier**
- **10 Kabeljaufilets (je etwa 120 g)**
- **Saft von 2 Zitronen**
- **Worcestersauce**
- **Salz**
- **frisch gemahlener Pfeffer**
- **4 EL Weizenmehl**
- **40 g Butter oder Margarine**
- **4 EL Speiseöl**

Für das Gemüse:

- **4 Fleischtomaten (etwa 600 g)**
- **1 Salatgurke (etwa 600 g)**
- **1 Zwiebel (etwa 60 g)**
- **100 g Butter oder Margarine**

- **1 Bund Dill**

1 Dill unter fließendem kalten Wasser abspülen, trockentupfen und klein schneiden. Eier in einer Schüssel verschlagen. Dill unterrühren.

2 Kabeljaufilets unter fließendem kalten Wasser abspülen und trockentupfen. Kabeljaufilets mit Zitronensaft und Worcestersauce beträufeln. Mit Salz und Pfeffer bestreuen.

3 Kabeljaufilets zuerst in Mehl wenden, dann durch die Dill-Eier-Masse ziehen, am Schüsselrand etwas abstreifen. Butter in einer großen Pfanne zerlassen, Speiseöl mit erhitzen. Kabeljaufilets evtl. portionsweise von beiden Seiten darin anbraten, herausnehmen und auf ein Backblech (gefettet) legen. Das Backblech in den Backofen schieben.

Ober-/Unterhitze: 180–200 °C (vorgeheizt)
Heißluft: 160–180 °C (vorgeheizt)
Gas: etwa Stufe 3 (vorgeheizt)
Garzeit: etwa 15 Min.

4 Für das Gemüse Tomaten waschen, abtrocknen, die Stängelansätze herausschneiden. Tomaten halbieren und entkernen. Tomaten in Würfel schneiden.

5 Gurke schälen, abspülen, trockentupfen und längs halbieren, Kerne mit einem Teelöffel herauskratzen. Gurkenhälften in Stücke schneiden. Zwiebel abziehen und in kleine Würfel schneiden.

6 Butter oder Margarine in einer großen Pfanne erhitzen, Zwiebelwürfel darin glasig dünsten, Tomatenwürfel und Gurkenstücke hinzugeben und unter gelegentlichem Rühren etwa 10 Minuten mitdünsten lassen. Mit Salz und Pfeffer würzen.

7 Dill abspülen und trockentupfen. Die Spitzen von den Stängeln zupfen (einige Zweige zum Garnieren beiseite legen). Kabeljauschnitzel mit dem Gemüse anrichten, mit Dill bestreuen und mit Dillzweigen garniert servieren.

Tipp:

Anstelle von Kabeljaufilets können auch andere Fischfilets verwendet werden. Das Fischfleisch sollte aber eine feste Konsistenz haben, z. B. Viktoria-Barsch oder Steinbutt. Als zusätzliche Beilage gekochte Kartoffeln oder ein warmer Kartoffelsalat mit Speck.

Schnitzel vom Viktoriabarsch

Zubereitungszeit: 90 Min., ohne Auftauzeit

Pro Portion:
E: 34 g, F: 21 g, Kh: 4 g, kJ: 1435, kcal: 343

- **20 Viktoriabarschfilets (je etwa 60 g)**
- **Limetten- oder Zitronensaft**
- **Salz**
- **frisch gemahlener Pfeffer**
- **4 Eier**
- **2 Pck. TK-Gemischte Küchenkräuter**
- **120 g fein geriebener Parmesan-Käse**
- **4 EL Weizenmehl**
- **6 EL Speiseöl**

Für das Gemüse:

- **1 kg TK-Blattspinat**
- **2 Zwiebeln (etwa 100 g)**
- **2 Fleischtomaten (etwa 300 g)**
- **100 g Butter oder Margarine**
- **frisch geriebene Muskatnuss**

1 Fischfilets unter fließendem kalten Wasser abspülen, trockentupfen, mit Zitronen- oder Limettensaft beträufeln. Mit Salz und Pfeffer bestreuen. Eier in einer Schüssel verschlagen. Kräuter und Käse unterrühren.

2 Fischfilets zuerst in Mehl wenden, dann durch die Eier-Kräuter-Käse-Masse ziehen und am Schüsselrand etwas abstreifen.

3 Jeweils die Hälfte des Speiseöls in einer großen Pfanne erhitzen, Fischfilets in 2 Portionen von beiden Seiten darin anbraten, herausnehmen und auf ein Backblech (gefettet) legen. Das Backblech in den Backofen schieben.

Ober-/Unterhitze:
180–200 °C (vorgeheizt)
Heißluft: 160–180 °C (vorgeheizt)
Gas: etwa Stufe 3 (vorgeheizt)
Garzeit: etwa 15 Min.

4 Für das Gemüse Blattspinat auftauen lassen. Zwiebeln abziehen und in kleine Würfel schneiden. Tomaten waschen, abtrocknen und die Stängelansätze herausschneiden. Tomaten in Würfel schneiden und entkernen.

5 Butter oder Margarine in einem Topf zerlassen. Zwiebelwürfel darin glasig dünsten. Blattspinat hinzufügen und mit andünsten. Tomatenwürfel hinzugeben und ebenfalls kurz mit andünsten. Mit Salz, Pfeffer und Muskat würzen.

6 Die Schnitzel mit dem Spinat servieren.

Tipp:
Wer gerne eine Sauce dazu mag, kann auf Fertigprodukte, z. B. Sauce Hollandaise oder Sauce Bearnaise zurückgreifen.

Lachsschnitzel in Estragon-panade mit Wurzelgemüse

Zubereitungszeit: 90 Min.

Pro Portion:
E: 26 g, F: 26 g, Kh: 7 g,
kJ: 1568, kcal: 374

- **8 Lachsfilets (je etwa 125 g)**
- **Salz**
- **frisch gemahlener Pfeffer**
- **3 Eier**
- **getrocknete Estragonblätter**
- **40 g Weizenmehl**
- **60 g Butter oder Margarine**
- **3 EL Speiseöl**

Für das Wurzelgemüse:

- **4 dicke Möhren (etwa 600 g)**
- **1 kleiner Knollensellerie (etwa 600 g)**
- **2 Stangen Porree (Lauch etwa 400 g)**
- **80 g Butter**
- **200 ml Gemüsebrühe**

- **einige Stängel Estragon oder Zitronenthymian**
- **2 Limetten oder Zitronen**

Beilage:
Salzkartoffeln oder Kartoffelpüree mit Sahne.

1 Lachsfilets unter fließendem kalten Wasser abspülen und trockentupfen. Filets mit Salz und Pfeffer bestreuen.

2 Eier in einer Schüssel verschlagen. Estragon unterrühren. Lachsfilets zuerst in Mehl wenden, dann durch die Eiermasse ziehen und am Schüsselrand abstreifen.

3 Butter oder Margarine in einer großen Pfanne zerlassen, Speiseöl mit erhitzen. Lachsfilets von beiden Seiten kurz darin anbraten, herausnehmen und auf ein Backblech (gefettet) legen. Das Backblech in den Backofen schieben.

Ober-/Unterhitze:
etwa 180 °C (vorgeheizt)
Heißluft: etwa 160 °C (vorgeheizt)
Gas: Stufe 2–3 (vorgeheizt)
Backzeit: etwa 20 Min.

4 Für das Gemüse Möhren und Sellerie putzen, schälen, waschen, abtropfen lassen und in feine Streifen schneiden. Porree putzen, die Stangen längs halbieren. Porree waschen, abtropfen lassen und ebenfalls in Streifen schneiden.

5 Butter in einer Pfanne zerlassen. Möhren-, Sellerie- und Porreestreifen unter Rühren darin andünsten. Brühe hinzugießen, zum Kochen bringen und etwa 10 Minuten garen. Mit Salz und Pfeffer würzen.

6 Estragon oder Zitronenmelisse abspülen und trockentupfen. Limetten oder Zitronen schälen, dabei auch die weiße Haut vollständig entfernen. Limetten oder Zitronen zuerst in Scheiben, dann in kleine Stücke schneiden.

7 Lachsschnitzel mit dem Wurzelgemüse auf Tellern anrichten. Mit Estragon oder Zitronenthymian und Limettenstückchen garniert servieren.

Zucchinischnitzel „Provenzalisch“ in Couscous-Panade

Zubereitungszeit: 90 Min.

Pro Portion:
E: 10 g, F: 19 g, Kh: 29 g,
kJ: 1382, kcal: 329

- **8 mittelgroße Zucchini (1800 g)**
- **3 l Wasser**
- **3 gestr. TL Salz**
- **250–300 g Couscous (grober Weizengrieß aus Tunesien)**
- **4 Eier**
- **Salz, Pfeffer**
- **Knoblauchpulver**
- **4 EL Weizenmehl**
- **250 ml (1/4 l) Olivenöl**

Für das Gemüse:

- **4 Fleischtomaten (600 g)**
- **je 1 große rote, grüne und gelbe Paprikaschote (je etwa 250 g)**
- **1 Gemüsezwiebel (etwa 250 g)**
- **5 EL Olivenöl**
- **gerebelter Thymian**
- **gerebelter Rosmarin**

- **einige Stängel Thymian**
- **einige Stängel Rosmarin**

1 Zucchini waschen, abtrocknen und die Enden abschneiden. Zucchini längs in etwa 1/2 cm dicke Scheiben schneiden, evtl. mit einer Aufschnittmaschine. Wasser und Salz in einem großen Topf zum Kochen bringen. Zucchinischeiben in 2–3 Portionen hinzugeben und etwa 1 Minute blanchieren. Anschließend in ein Sieb geben, mit kaltem Wasser übergießen, gut abtropfen lassen und trockentupfen.

2 Couscous in einen großen flachen Teller geben. Eier in einer flachen Schüssel verschlagen. Zucchinischeiben mit Salz, Pfeffer und Knoblauch bestreuen.

3 Zucchinischeiben zuerst in Mehl wenden, dann durch die Eiermasse ziehen, am Schüsselrand etwas abstreifen und zuletzt in Couscous wenden. Couscous-Panade leicht andrücken.

Beilage:
Frisches Knoblauchbrot oder Bratkartoffeln mit Zwiebel.

4 Jeweils etwas von dem Olivenöl in einer großen Pfanne erhitzen. Zucchinischeiben portionsweise von beiden Seiten darin anbraten, herausnehmen und warm stellen.

5 Für das Gemüse Tomaten waschen, abtrocknen, halbieren und die Stängelansätze herausschneiden. Tomaten in Würfel schneiden. Paprika halbieren, entstielen, entkernen, die weißen Scheidewände entfernen. Die Schoten waschen, trockentupfen und in Würfel schneiden. Zwiebel abziehen und ebenfalls in Würfel schneiden.

6 Olivenöl in einer großen Pfanne erhitzen. Gemüsewürfel hinzugeben und unter Rühren etwa 10 Minuten dünsten. Mit Salz, Pfeffer, Knoblauch, Thymian und Rosmarin würzen.

7 Zucchinischnitzel mit dem Gemüse anrichten. Thymian- oder Rosmarinstängel abspülen und trockentupfen. Zucchinischnitzel mit Thymian- und Rosmarinstängel garniert servieren.

Kohlrabischnitzel im Haferflockenmantel

Zubereitungszeit: 120 Min.

Pro Portion:
E: 11 g, F: 19 g, Kh: 38 g, kJ: 1548, kcal: 370

- **1,2 kg fest kochende Kartoffeln**

- **5 große Kohlrabi (je etwa 350 g)**
- **Salzwasser**
- **Salz**
- **frisch gemahlener Pfeffer**
- **4 Eier**
- **250 g Haferflocken**
- **4 EL Weizenmehl**
- **150 ml Speiseöl**

- **4 EL Speiseöl**
- **2 Pck. TK-Gemischte Küchenkräuter**
- **nach Belieben frische Gartenkräuter, z. B. Petersilie, Schnittlauch, Kerbel**

1 Kartoffeln waschen, zugedeckt in Wasser zum Kochen bringen und in etwa 25 Minuten gar kochen lassen, abgießen, abdämpfen lassen, heiß pellen und etwas abkühlen lassen. Kartoffeln in Scheiben schneiden und beiseite stellen.

2 Kohlrabi schälen, waschen, trockentupfen und in jeweils 6 Scheiben schneiden. Salzwasser in einem großen Topf zum Kochen bringen. Kohlrabischeiben in 2 Portionen je 5–8 Minuten kochen. Anschließend in ein Sieb geben, mit kaltem Wasser übergießen und gut abtropfen lassen. Mit Salz und Pfeffer bestreuen.

3 Eier in einer Schüssel verschlagen. Haferflocken in eine flache Schale geben.

4 Kohlrabischeiben zuerst in Mehl wenden, dann durch die verschlagenen Eier ziehen, Kohlrabischeiben am Schüsselrand etwas abstreifen und zuletzt in den Haferflocken wenden, fest andrücken.

5 Jeweils etwas von dem Speiseöl in einer großen Pfanne erhitzen, Kohlrabischeiben portionsweise von beiden Seiten darin anbraten, herausnehmen und auf Backbleche (gefettet) legen. Die Backbleche nacheinander (bei Heißluft zusammen) in den Backofen schieben.

Ober-/Unterhitze:
etwa 180 °C (vorgeheizt)
Heißluft: etwa 160 °C (vorgeheizt)
Gas: Stufe 2–3 (vorgeheizt)
Garzeit: etwa 15 Min. je Backblech.

6 Restliches Speiseöl in einer großen Pfanne erhitzen. Die beiseite gestellten Kartoffelscheiben hinzugeben und unter mehrmaligem Wenden bräunen lassen. Mit Salz und Pfeffer bestreuen. Küchenkräuter unterrühren.

7 Kohlrabischnitzel mit den Kräuter-Bratkartoffeln anrichten und nach Belieben mit frischen Gartenkräutern garnieren.

Austernpilzschnitzel

Foto
Zubereitungszeit: 45 Min.

Pro Portion: E: 9 g, F: 11 g, Kh: 16 g, kJ: 844, kcal: 202

- **16–24 sehr große Austernpilze (etwa 1 kg)**
- **40 g Weizenmehl**

Für den Teig:
- **200 g Weizenmehl**
- **50 g geriebener Parmesan-Käse**
- **2 Eier**
- **250 ml (1/4 l) Weißwein**
- **Salz, Pfeffer**
- **frisch geriebene Muskatnuss**
- **1 TL getrocknete Petersilie**
- **evtl. etwas Mineralwasser**

- **150 ml Speiseöl**

1 Pilze putzen, die dicken Stiele entfernen, Pilze mit Küchenpapier abreiben, evtl. abspülen und trockentupfen. Pilze mit etwas Mehl bestäuben.

2 Für den Teig Mehl in eine Schüssel sieben. Parmesan-Käse, Eier, Wein, Salz, Pfeffer, Muskat und Petersilie hinzugeben. Die Zutaten zu einem dickflüssigen Teig verrühren und etwa 15 Minuten ruhen lassen, evtl. etwas Mineralwasser unterrühren.

3 Speiseöl (Boden etwa 1 cm bedeckt) in einer Pfanne erhitzen. Pilze mit Hilfe von 2 Gabeln durch den Teig ziehen, am Schüsselrand etwas abstreifen, portionsweise von beiden Seiten knusprig braun backen, auf Küchenpapier legen und abtropfen lassen. Pilze heiß servieren.

Beilage:
Salate oder Kartoffelgerichte mit Gemüse- und Crème-fraîche-Dips.

Kohlrabi-Cordon-bleu

Zubereitungszeit: 50 Min.

Pro Portion: E: 26 g, F: 38 g, Kh: 15 g, kJ: 2127, kcal: 508

- **4 große Kohlrabi**
- **Salzwasser oder Brühe**
- **8 große Scheiben gekochter Schinken**
- **8 große Scheiben Gouda-Käse**
- **2 Eiweiß (Größe M)**

Für den Teig:
- **160 g Weizenmehl**
- **4 Eigelb (Größe M)**
- **1 gestr. TL Salz**
- **250 ml (1/4 l) Milch**
- **60 g zerlassene, etwas abgekühlte Butter**
- **2 Eiweiß (Größe M)**

- **250 ml (1/4 l) Speiseöl**

1 Kohlrabi putzen, schälen, waschen. Jede Kohlrabi in 8 dünne Scheiben schneiden. Die Scheiben evtl. portionsweise in kochendes Salzwasser oder Brühe geben und etwa 5 Minuten kochen lassen. Die Kohlrabischeiben mit einer Schaumkelle herausnehmen, kurz in kaltes Wasser legen, herausnehmen und in einem Sieb abtropfen lassen.

(Fortsetzung Seite 90)

2 Schinken- und Käsescheiben vierteln. Eiweiß verschlagen. Je 2 Schinken- und Käsescheibenviertel auf 16 Kohlrabischeiben legen, mit den restlichen Kohlrabischeiben zudecken und andrücken. Die Ränder mit Eiweiß bestreichen.

3 Für den Teig Mehl, Eigelb und Salz in eine Rührschüssel geben. Nach und nach Milch und Butter hinzugeben und mit einem Schneebesen verrühren. Eiweiß steif schlagen und vorsichtig unterheben.

4 Jeweils etwas von dem Speiseöl in einer großen Pfanne erhitzen. Die gefüllten Kohlrabischeiben mit Hilfe von 2 Gabeln vorsichtig durch den Teig ziehen, am Schüsselrand vorsichtig abstreifen und portionsweise in dem Speiseöl von beiden Seiten goldgelb ausbacken, herausnehmen und auf Küchenpapier abtropfen lassen.

Gemüseschnitzel

Zubereitungszeit:
65 Min.

Pro Portion:
E: 6 g, F: 8 g, Kh: 23 g,
kJ: 801, kcal: 191

- **1,2 kg Gemüse, z. B. Knollensellerie, Kohlrabi, Pastinaken, Petersilienwurzel, Kürbis, Steckrüben, Zucchini**
- **Salzwasser**
- **2 Eier**
- **Salz**
- **frisch gemahlener Pfeffer**
- **gerebelter Thymian**
- **120 g Weizenmehl**
- **200 g Semmelbrösel**
- **6 EL Traubenkernöl**

1 Gemüse putzen, schälen, waschen, abtropfen lassen und in etwa 1 cm dicke Scheiben schneiden. Gemüsescheiben (außer Zucchini) in kochendem Salzwasser vorgaren: Sellerie 5 Minuten, Kohlrabi 6 Minuten, Pastinaken 2 Minuten, Petersilienwurzel 2 Minuten, Kürbis 2 Minuten und Steckrüben 5 Minuten.

2 Gemüsescheiben in ein Sieb geben, mit kaltem Wasser übergießen und abtropfen lassen. Mit Küchenpapier trockentupfen. Eier verschlagen, mit Salz, Pfeffer und Thymian würzen. Gemüsescheiben zuerst in Mehl, dann in den verschlagenen Eiern und zuletzt in Semmelbröseln wenden. Semmelbrösel gut andrücken.

3 Traubenkernöl in einer Pfanne erhitzen. Gemüsescheiben portionsweise von beiden Seiten knusprig goldbraun darin braten.

Beilage:
Kräuter-Crème-fraîche oder eine kalte Tomatensauce.

Panierte Sellerieschnitzel

Zubereitungszeit: 45 Min.

Pro Portion:
E: 5 g, F: 11 g, Kh: 21 g, kJ: 843, kcal: 201

- **2 Sellerieknollen (je etwa 500 g)**
- **1 Bund Thymian**
- **2 l Wasser**
- **2 EL Zitronensaft**
- **Salz**
- **frisch gemahlener weißer Pfeffer**
- **100 g Weizenmehl**
- **2 verschlagene Eier**
- **250 g Semmelbrösel**
- **8 EL Speiseöl**
- **100 g Butter**

1 Sellerieknollen putzen, schälen, waschen, trockentupfen und in 16 etwa 1 cm dicke Scheiben schneiden.

2 Thymian abspülen und trockentupfen. Wasser mit Zitronensaft und etwas Thymian in einem Topf zum Kochen bringen. Selleriescheiben hinzugeben und etwa 10 Minuten kochen lassen. Selleriescheiben herausnehmen, abtropfen lassen und mit Küchenpapier trockentupfen. Mit Salz und Pfeffer würzen.

3 Selleriescheiben zuerst in Mehl, dann in den verschlagenen Eiern und zuletzt in Semmelbröseln wenden. Panade fest andrücken.

4 Jeweils etwas von dem Speiseöl in einer großen Pfanne erhitzen. Selleriescheiben portionsweise darin goldgelb ausbacken. Bevor die Selleriescheiben fertig gebacken sind, Butter und die restlichen Thymianzweige in die Pfanne geben. Die gebackenen Sellerieschnitzel auf Küchenpapier abtropfen lassen und warm stellen.

Beilage:
Gemischter Salat mit Rucola und Pinienkernen.

Tipp:
Zu den Semmelbröseln etwas Parmesan-Käse geben.

Abwandlung:
Auf diese Weise können Sie auch Scheiben von Steckrüben oder Kürbis oder Kohlrabi zubereiten. Braten Sie die Gemüsescheiben in einer Eihülle. Dafür 4 Eier verschlagen und 150 g geriebenen Parmesan-Käse unterrühren. Servieren Sie die Gemüseschnitzel mit einer Tomatensauce, dazu 2 in Würfel geschnittene Zwiebeln in Olivenöl andünsten. 2 Dosen geschälte Tomaten (Einwaage je 800 g) mit Saft hinzufügen. Tomaten etwas zerdrücken. Die Sauce etwas einkochen lassen. Mit Salz, frisch gemahlenem Pfeffer, Knoblauchpulver und Oregano abschmecken. Oder bereiten Sie eine Sauce aus 2 Tütchen Tomatensuppe „Toscana" nach Packungsanleitung – aber mit der Hälfte der angegebenen Flüssigkeit – zu.

Alphabetisches Register

Themenregister

Schweineschnitzel

Geflügelschnitzel

Gemüseschnitzel

Lammschnitzel

Kalbs-/Rinderschnitzel

Fischschnitzel

In dieser Reihe sind bisher außerdem erschienen: *Party-Aufläufe, Party-Braten, Party-Dips, Party-Drinks, Party-Grillen, Party-Pasta, Party-Pizza, Party-Rouladen, Party-Salate, Party-Snacks, Party-Suppen, Schnelle Party-Rezepte, Party-Toast* und *Party-Topf.* Sie erhalten diese Bücher im Buchhandel.

Umwelthinweis Dieses Buch und der Einband wurden auf chlorfrei gebleichtem Papier gedruckt. Die Einschrumpffolie – zum Schutz vor Verschmutzung – ist aus umweltfreundlichem und recyclingfähigem PE-Material.

Wenn Sie Anregungen, Vorschläge oder Fragen zu unseren Büchern haben, rufen Sie uns unter folgender Nummer an 0521 155-25 80 oder 52 06 50 oder schreiben Sie uns: Dr. Oetker Verlag KG, Am Bach 11, 33602 Bielefeld.

Bei den in diesem Buch verwendeten Rezeptnamen handelt es sich zum Teil um eingetragene Marken.

Wir danken für die freundliche Unterstützung Fissler GmbH, Idar-Oberstein

Redaktion Carola Reich, Annette Riesenberg

Titelfoto Thomas Diercks, Hamburg
Innenfotos Thomas Diercks, Hamburg (S. 4, 34, 66, 72, 84, 88, 92)
Ulli Hartmann, Bielefeld (S. 6–10, 14–18, 22, 26–32, 36, 40–54, 60–64, 70, 74–82, 86)
Brigitte Wegner, Bielefeld (S. 20, 90)
Norbert Toelle, Bielefeld (S. 38, 56, 58, 68)
Niederländisches Büro für Milcherzeugnisse, Rijswijk (S. 12)

Rezeptentwicklung und -beratung Gerhard Ruhle, Hamburg
Mechthild Plogmaker, Dr. Oetker Versuchsküche

Nährwertberechnungen Nutri Service, Hennef

Grafisches Konzept Björn Carstensen, Hamburg
Gestaltung M•D•H Haselhorst, Bielefeld
Titelgestaltung kontur:design, Bielefeld

Reproduktionen Mohn • Media Mohndruck GmbH, Gütersloh
Satz JUNFERMANN Druck & Service, Paderborn
Druck und Bindung APPL Druck GmbH & Co. KG, Wemding

ISBN 3-7670-0643-X